쇼펜하우어 아포리즘

쇼펜하우어 아포리즘

당신의 인생이 왜
힘들지 않아야 한다고 생각하십니까

아르투어 쇼펜하우어 지음
김욱 편역

포레스트북스

아르투르 쇼펜하우어(Arthur Schopenhauer, 1788~1860)를 가리켜 흔히들 염세주의 철학자라고 부릅니다. 그가 남긴 몇 권의 책과 60년 가까이 하루도 빠짐없이 써온 일기와 1만 페이지가 넘는 메모와 그의 인생관을 확립시켜준 스승인 괴테가 보낸 "당신이 삶에서 아주 작은 기쁨이라도 느끼고 싶다면 당신은 이 세계에서 가치 있는 사람이 되어야 합니다."라는 서한들을 보면, 그는 분명 극도의 비관론자였습니다.

방관자적 시선으로 세계와 그 안에서 펼쳐지는 인간 군상의 모습을 차갑고 날카로운 비판들로 난도질하는 것으로 지적인 충족을 느끼는 괴팍한 인물이었죠. 그리고 쇼펜하우어의 이런 염세주의 성향은 그가 살아온 환경에 의해 형성된 삶의 결과물이라고 할 수 있습니다.

부유한 상인이었던 아버지를 존경하고 사랑한 어린 쇼펜하우어는 아버지의 뜻을 이어받아 유럽을 누비는 사업가를 꿈꾸었지만, 열일곱 살 되던 봄에 그의 아버지는 강으로 뛰어내려 투신자살했습니다. 또 문학적으로 야심이 많았던 어머니는 자기보다 스무 살이나 나이가 많던 남편이 사라지자 막대한 재산을 무기로 사교계에 화려하게 등장했고, 그런 어머니를 곁에서 지켜보던 사춘기의 쇼펜하우어는 스스로를 햄릿이라고 부르며 평생토록 가정을 불신하게 됩니다.

그리고 서른한 살에 그 유명한《의지와 표상으로서의 세계(Die Welt als Wille und Vorstellung)》를 출판하며 베를린대학에서 철학을 강의하는 등 지식인으로서 목표했던 꿈을 이루는 데 성공했지만, 강당을 꽉 채울 만큼 학생들로부터 인기를 끌었던 헤겔과 달리 자신의 강의에는 다섯 명만 출석하는 것을 보고 자괴감에 사로잡혔습니다.

1831년에 베를린에 콜레라가 만연했을 때는 평소 입만 열면 "태어나지 않는 게 최선이다. 만약 태어났다면 스스로 목숨을 끊는 게 차선이다."라는 염세주의 철학을 버리고 목숨을 위해 베를린 탈출을 감행하기에 이릅니다.

마지막까지 학생들 곁에서 철학을 강론한 헤겔이 콜레라에 전염되어 세상을 떠나면서, 쇼펜하우어의 이 같은 모순된 행위는 평생토록 사람들로부터 조롱받는 빌미가 되었고, 이후 두 번 다시 자신의 철학사상을 사람들 앞에서 강의하지 않게 되었습니다.

이처럼 쇼펜하우어의 인생은 소망하는 바가 이루어지지 않는, 오히려 소망했기에 정반대로 고통이 부과되는 악순환의 반복이었습니다. 그의 젊은 날은 사랑했기에 여인들로부터 상처받아야 했고, 지적으로 뛰어난 재능을 발휘하면 발휘할수록 세상의 혐오에 시달렸으며, 사람들에게 상식과 정의를 요구할 때마다 그는 사람들로부터 멀어져야 했습니다.

우리가 오늘날까지 쇼펜하우어를 기억하고 그가 남긴 저서에서 인생의 해답을 찾으려는 이유가 뭘까요? 모두가 알다시피 그는 행복과는 거리가 먼 인생을 살았고, 그가 우리에게 들려주는 말은 불안과 좌절, 고통과 절망뿐이었음에도 우리가 쇼펜하우어를 잊지 않고 찾아가는 이유가 뭘까요?

그것은 쇼펜하우어가 인생 그 자체를 텍스트 삼아 삶의 고통을 철학으로 승화시켰기 때문일 것입니다. 인생은 고통이며, 고통은 집착에서 비롯되고, 따라서 집착을 버림으로써 우리는 고통의 소멸에 이를 수 있다는 '비관에 대한 비관'을 제시했기 때문이죠. 그는 우리가 알고 있는 것은 '언어'에 지나지 않는다고 말했습니다.

우리가 알고 있는, 바라보고 있는, 살아가고 있는 인생은 그저 인생이라는 두 글자, 다시 말해 문자일 뿐입니다. '인생'이라는 두 글자의 뒤안길에 도사리고 있는 욕망과 의지야말로 '인생'이라는 글자로 표현된 실체이며, 그 표상을 고통으로 덧칠하는 주체도, 권태로 변화시킨 주범도 다른 누군가가 아닌, 이 세상과 사회가 아닌 바로 우리들 자신이었다고 고백한 것입니다.

삶의 고통을 철학적 주제로 선택하고, 그 절망의 순간들을 여과하지 않고 증명하고 파헤친 쇼펜하우어의 이런 용기야말로 사후 150년이 지난 이 순간에도 우리가 고통의 한때를 지나치며 쇼펜하우어에게 '비관에 대한 비관'을 기대하는 가장 큰 이유라고 생각합니다.

쇼펜하우어는 문제적인 삶을 살아간 특이한 인물이었습니다. 그의 철학은 "어떻게 살아가야 하는가? 우리가 사는 이 세계는 무엇인가?"라는 본질적 추구에서 벗어나 어떻게 죽어야 하고, 우리가 사는 이 세계는 어떻게 파멸할 것인가를 고민했습니다. 되도록 빨리, 자취도 남기지 않고 이 불합리한 삶의 굴레에서 사라질 수 있기를 쇼펜하우어 스스로 갈구했습니다. 그 때문에 살아생전에는 그가 펼친 주장의 참된 의미가 왜곡되곤 했죠.

기독교가 이단을 박해하듯 지성계는 쇼펜하우어를 정신병자로 몰아세우기 일쑤였습니다. 현대사회에서 쇼펜하우어라는 이름이 단순한 철학자를 넘어서는 특정한 명칭처럼 친근하게 다가오는 것과 비교하면 극과 극이라고 할 수 있습니다.

쇼펜하우어는 인간의 실존 자체를 철학의 목적이자, 궁극적인 진리로 삼은 선구자였습니다. 같은 시대의 철학자들이 철학을 위한 철학을 고수하고 있을 때, 쇼펜하우어만이 철학의 본질이자 철학의 구현인 인간에 대해 이야기했으니까요.

그 결과 쇼펜하우어는 철학의 주체인 인간의 멸망을 보았고, 철학이 가장 흥성했던 시기에 철학의 죽음을 목격했습니다. 인간이 이룩한 문화, 문명, 기술과 법률, 정치 체계가 인간의 본질을 지워버리는 장면들을 목격하게 된 것입니다. 이것이야말로 개인의 삶에서 시작된 쇼펜하우어의 절망이 궁극적인 완성에 도달하게 된 원인입니다.

쇼펜하우어의 철학은 절망에서 태어났습니다. 그러나 쇼펜하우어가 우리에게 들려주는 절망은 끝이 아닙니다. 하나의 몰락을 통해 새로운 가치가 잉태하고 태어나는 위대한 절망입니다. 새로운 나를 위해 현존하는 나의 절망이 희생되는 것입니다. 그래서 쇼펜하우어의 절망은 궁극의 희망입니다.

Arthur

Schopenbauer

그에게 고통은 소멸해야만 끝나는 아픔이 아닙니다. 그 아픔 끝에 새 생명이 탄생하고, 새로운 시대가 열리고, 새로운 가치관이 나의 인생에서 성립됩니다. 거칠고, 때로는 표독스럽기까지 한 그의 날카로운 언어들이 우리의 시대까지 살아서 약동하는 까닭이 여기에 있다고 하겠습니다.

그래서 쇼펜하우어는 '의지'를 이야기했습니다. '살아남고자 하는 의지'를 이야기한 것입니다. 모든 생명은 살아남기를 소망하는데, 쇼펜하우어는 이 살아남고자 하는 의지가 우리 안에 깃든 욕망의 본질이라고 여겼습니다. 가장 순수한 욕망에 이르렀을 때 죽음이라는 한계가 정해져 있는 육체의 삶이 영원히 사라지지 않는 '표상'을 남기게 된다고 주장했습니다. 따라서 그의 비관론은 한 인간이 순수한 욕망으로서 세계에 남겨지기를 소원하는 모든 인간의 잠재된 본능이라고 할 수 있을 것입니다.

쇼펜하우어가 우리에게 들려주는 절망은 능동적인 절망입니다. 그가 추구했던 욕망은 가장 순수한 의지였습니다. 인간은 욕망의 표상이며, 인간의 모든 활동은 욕망을 성취하고 싶어하는 의지의 출현입니다. 이런 진리를 간과한 채 눈에 보이는 사태만을 쫓아다니는 우리의 무지한 삶이야말로 절망의 본질이었던 것입니다.

쇼펜하우어가 세상을 떠나고 150년의 세월이 흐르는 동안 그가 목격했던 절망의 크기는 더욱 확대되었습니다. 인류가 추구했던 물질 만능의 시대는 인간에게 물질이 될 것을 강요하고 있으며, 그 안에서 생존의 가치를 찾으려는 젊은이들에게 좌절과 억압, 공포만을 보여주고 있습니다. 기성세대의 일원으로서 우리 시대의 청춘들이 겪고 있는 절망과 분노에 일조했다는 죄책감을 떨쳐버리기 위해 또 한 번 쇼펜하우어를 의지할 수밖에 없었습니다.

시대는 점점 더 포악스러워지고, 그에 비례하여 인간성까지 날로 강퍅해지고 있으나 쇼펜하우어의 말처럼 "나를 움직일 수 있는 것은 오직 나라는 사람밖에 없다"라는 진리를 가슴에 새긴 젊은이들은 이 험한 시대에서도 지워지지 않는 '표상'으로 남게 되리라고 확신합니다.

쇼펜하우어는 일평생 열한 권의 책을 썼고, 그중 생전에 출판된 저서는 여덟 권입니다. 그 외에도 괴테를 비롯한 수많은 동시대 사람들과 편지를 주고받았으며, 1만 페이지가 넘는 일기를 거의 하루도 빼놓지 않고 썼습니다. "인생은 의미가 없다. 그러므로 태어나지 않는 것이 최선이고, 태어났다면 최대한 빨리 죽는 것이 차선이다."라고 입버릇처럼 말하고 다닌 사람치고는 그 어떤 철학자, 작가보다 치열하게

Arthur

Schopenbauer

살아왔다고 할 수 있습니다.

이 책은 그의 대표작인 《의지와 표상으로서의 세계(Die Welt als Wille und Vorstellung)》외에도 《Parerga und paralipomena》, 《Schopenhauer und Nietzsche: ein vortragszyklus/by Georg Simmel》, 《Schopenhauer: eine biographie/by Walther Schneider》, 《Arthur Schopenhauer's English schooling/by Patrick Bridgwater》 과 편지, 일기 등을 토대로 새롭게 구성했습니다.

시끄러운 자명종 소리가 새벽의 무딘 단잠을 깨워주듯 실존의 고통에 몸부림치며 인생을 저주한 옛 철학자의 독설이 우리 안에 감춰진 열망과 투지를 일깨워줄 것이라고 기대해봅니다.

편역자 김욱

내가 살아온 날들을 글로 옮기려니, 평소보다 말이 더 길어질 듯합니다. 내가 배우고 연구하고 탐색한 철학이라는 학문은 직업이 아닙니다. 우연히 선택한 일도 아닙니다. 나는 타인의 권유로 이 일을 시작하지 않았습니다. 누군가 내게 지시한 것도 아닙니다. 오직 내 안의 자유로운 의지로 이 일을 선택했습니다. 여기까지 오는 길이 즐겁지만은 않았습니다. 편안하지도 않았습니다. 곳곳에서 장애물과 맞닥뜨렸고, 숨어 있는 함정에 빠져 험한 고초를 겪어왔습니다. 그래서 처음엔 무척이나 당황스럽고 괴로웠습니다.

나의 아버지는 부유했습니다. 그에게 많은 신세를 졌습니다. 아버지는 내게 학문의 길에 들어선 것을 격려해주셨지만 좋아하진 않았습니다. 아버지의 후광 덕에 청소년기에는 공부에 매진할 수 있는 환경을 제공 받았고, 성인이 되어서도 풍요로운 물질을 보장받았습니다. 남는 게 시간이라 종일 철학을 연구하고 마음껏 명상할 수 있었습니다. 세상을 살아가는 데 필요한 것들이 모두 갖춰져 아무런 방해도 받지 않고 사색할 수 있었습니다. 이 모든 것이 부유한 아버지 덕택이었습니다.

세상 그 어느 왕도 나 같은 혜택을 누려보진 못했을 것입니다. 아버지가 나를 자신의 뒤를 이어 사업가로 만들려고 마음먹기 전까지는 말입니다. 나는 일생을 학자로 살겠다고 결심했고, 철학자가 되겠다는 공상에 빠져 아무것도 보이지 않았습니다. 나는 아버지에게 나의 미래를 결정짓지 말라고 소리쳤습니다. 내게 기대하지 말라고 선언했습니다. 아버지가 원하는 삶과 내가 원하는 삶은 다르다고 고백했습니다. 아버지가 원하는 일을 하지 않을 것이며, 아버지처럼 사업가가 되는 일은 절대로 일어나지 않을 거라고 맹세했습니다.

아버지는 충격이 크셨습니다. 평생 학자로 살겠다는 결심을 이해하지 못하셨습니다. 아버지는 자기 생각이 가장 옳다고 믿는 분이셨습니다. 나처럼 본인의 고집을 꺾을 생각이 없어 보였습니다. 당연히 나 역시 내 생각을 굽히지 않았습니다. 그렇게 우리는 세상에서 서로를 가장 증오하는 두 사람이 되었습니다. 그런 상태가 한동안 지속하였습니다.

그런데도 아버지는 나를 도와주셨습니다. 철학은 가난한

직업이라 아들이 고생할까 봐 두려우셨던 겁니다. 금전적으로 지원해주시면서도 아버지는 오랫동안 기다리셨습니다. 내가 마음을 바꿔 학문의 길을 포기하고 아버지 밑으로 들어오기를 말입니다. 결국, 나는 유혹을 이기지 못해 철학을 포기하고 아버지께 사업을 배워보기로 했습니다. 돈의 유혹은 뿌리치기가 정말 힘든 것입니다. 젊은 나는 돈과 학문 중에서 돈을 택했고, 2년간 아버지를 따라 세상을 여행하며 사업을 배웠습니다. 2년을 허비한 것이지만 돌이켜보면 인생에서 가장 유익하고 뜻깊은 시간이었습니다. 내가 진정으로 원하는 것이 무엇인지를 배웠던 시기이기 때문입니다. 비록 당시엔 내가 잘못된 길로 가고 있다는 자괴감에 매 순간이 절망으로 가득 찬 번민의 시절이었지만 말입니다. 이런 내 모습이 너무나 고통스러웠습니다.

그리고 갑작스레 아버지가 돌아가셨습니다. 크나큰 충격을 이기지 못해 비통과 절망에 빠져 극도로 우울한 날들을 감내해야 했습니다. 아버지가 돌아가신 후에도 나의 방황은 계속되었습니다. 다시 철학의 길로 돌아가는 것이 아버지를 배신하는 짓 같았습니다. 공부도 때가 있는데, 나는 꽤 멀리 뒤처진 느낌이었습니다. 이러지도 못하고 저러지도 못한 채 시간만 흐르고 있었습니다. 견디다 못해 나는 고향에 계신

Schopenbauer

Arthur

어머니께 편지를 썼습니다. 삶의 목적을 상실했으며, 헛되이 세월만 축내고 있고, 새롭게 시작할 의욕도 없다는 내용이었습니다.

어머니는 그 편지를 지인이자 유명한 예술가인 페르노프 씨에게 보여주었습니다. 놀랍게도 그분이 내게 답장을 보냈습니다. 나의 지난 시간은 절대 헛되지 않으며, 뒤늦게 철학의 길로 들어선 위대한 학자들의 이름을 열거하며 지금부터라도 늦지 않았으니 공부를 다시 시작해보라는 충고였습니다.

편지를 읽고 뜨거운 눈물이 흘렀습니다. 상심과 절망에 빠져 허우적대던 내 안에서 새로운 열망이 피어났습니다. 나는 사업가를 포기하고 다시금 학문의 길로 돌아오게 되었습니다.

Arthur Schopenhauer

차례

1부

2부

3부

4부

5부

Arthur Schopenhauer

나는 '나'로서 존재한다

이 세상에 나 이상의 존재는 없다. 신이 존재한다면 그것은 신의 문제고, 내가 존재한다는 건 오직 나만의 문제다. 나는 이 세상에 있고 싶다. 중요한 것은 바로 그 점이다. 쓸데없는 말로 그것이 나의 존재라고 설득당하고 싶지 않다. 내가 죽고 나면 내가 어떻게 되는지를 분명히 말해줄 수 있는 사람은 없다. 나는 낡은 계략에 속지 않을 것이다.

내가 나로서 존재하지 못한다면 불멸을 위해 나는 내가 가진 것 중 단 한 가지도 내놓지 않을 것이다. 나의 개성을 보증해주지 않는다면 그 무엇에도 소속되지 않을 것이다. 나는 완전하고 탁월하다. 나보다 더 뛰어난 개성은 없다.

다른 누구와도 나를 바꾸고 싶지 않다. 지금 내 모습이 어떻든 지금 이대로의 나, 나의 개성, 그것이 바로 나이기 때문이다.

다수는 그저 많은 숫자일 뿐,
많다고 정의가 되는 건 아니다

인생에 진리는 없다. 삶은 어리석은 동화일 뿐, 그래서 나는 실망하지 않는다. 세상은 내가 틀렸다고 말하지만, 그렇게 말하는 세상이야말로 내 눈엔 전부 실수와 오류투성이다. 오류와 허위로 둔갑한 것들이야말로 진실이고, 진리와 신성으로 과장된 것들이야말로 진짜 오류다.

옳고 그름 따윈 없다. 다수는 그저 많은 숫자일 뿐, 많다고 정의가 되는 건 아니다. 적음을 무능력하다는 편견으로 뒤집어씌우는 것에 반대한다. 윽박질러도 따라가지 않겠다. 그것이 '도덕!'이라고 외쳐도 듣지 않겠다. 여기가 내 한계라고 한다면, 한계라는 사물을 결정하는 건 오직 나의 인식뿐이라고 가르쳐줄 테다.

나는 내가 모른다는 것을 안다고 말하지 않겠다. 물론 나

Arthur

Schopenbauer

는 내가 모른다는 것을 안다. 하지만 모를 것도 없다. 인간은 결국 자기 자신만을 체험할 뿐이니까.

그러므로 나는 말하겠다. 나는 인간이 아니다. 나는 함정이다. 나는 괴물이고 파괴자다. 온 세상이 인정하는 명제들이 나를 만나 무너지는 것을 본다. 나는 역사의 훼방꾼이며, 다른 사람이 책 한 권으로 말해야 하는 것들을 나는 열 개의 문장으로 설명해줄 것이다. 다른 사람이 말하지 않는 진실을 나는 한 권의 책으로 무한히 써내려갈 것이다. 나는 한 가지 사실만 잊지 않을 것이다. 새로운 인생을 창조하기 위해서는 새로운 이름과 새로운 평가, 새로운 개연성이 필요하다는 것! 이 모든 것이 내 안에 있다.

산책의 동료는 '고뇌'로 족하다

나는 늘 같은 시간에 산책하려고 노력한다. 산책은 직장과 마찬가지다. 매일 같은 시간에 출발해 같은 시간에 끝마치는 습관을 들여야 한다. 산책할 때는 생각할 것들을 챙겨간다. 어려운 과제들을 가져가는 것이다. 그래서 나는 동행을 두지 않는다. 산책의 동료는 고뇌로 족하다.

건강한 생활은 육체와 정신의 조화를 통해 개선된다. 육체와 정신 양쪽 모두 건강한 성공적인 생활은 매우 드물다. 살아있다는 사실 하나만으로도 인간은 피로를 느낀다. 사사로운 움직임마저도 신체엔 부담이다. 이를 견뎌내며 건강하고 활기찬 생활을 오래도록 관리하려면 그만한 대가를 치러야 한다. 좋은 습관이 그 대가라고 할 수 있는데, 좋은 습관을 기르는 습관이 있다면 그것은 인내다. 인내는 무조건 참고 견디는 것을 말하는 게 아니다. 자기 몸이 견딜 수 있는 범위를 깨닫고 그 범위 안에서 유지하는 것이 진정한 인내다. 견뎌내지 못할 때까지 버티는 건 멍청한 짓이다. 남들도 하니까 나도 할 수 있다는 생각은 동반 자살이나 다름없다. 몸과 마음이 불쾌해지지 않는 기준을 정리해 오래도록 지키는 것이 핵심이다. 그렇게 하면 언젠가는 평범한 생활이 나만의 고유한 재능으로 인정받는 날이 온다.

생활에 정답은 없고 정해진 규칙도 없다. 나 같은 생활을 불행으로 여기는 사람도 많다. 규칙적이고 조용한 생활이 행복한 사람도 있고, 충동적이고 시끌벅적한 생활이 행복한 사람도 있다. 잊지 말아야 할 것은 내면의 질서다. 어떤 상황에서도 내면의 질서가 유지되어야 한다. 향락적인 파티를 이틀 삼일씩 날을 지새워가며 꼬박 놀 수는 없듯이, 시작과 끝의 범위는 항상 정해져 있어야만 한다. 스스로 정한 범위 내에서 자신의 상태와 성격이 조화된 최적의 규칙을 만들어나가야 한다.

규칙은 여행 같은 불특정한 상황에서도 통용된다. 나는 여행을 통해 많은 것을 배우고 새롭게 깨달았지만, 위대한 칸트는 평생토록 여행 근처도 가보지 않았다. 그는 여행을 무익하기 짝이 없는 시간 낭비로 취급했다. 하지만 내 경우에 여행은 일상에서 경험하기 힘든 낯설고 새로운 독서이자, 경이로운 우정이었고, 참된 스승의 역할을 해주었다. 우리는 둘 다 철학자이자 연구자이며, 괴이하다는 공통점이 있음에도 여행만큼은 서로 일치되지 않는 견해를 가졌다.

규칙적이지 않은 위대한 생애는 없다. 그 모습이 타인의 눈엔 어떻게 비쳤을지 몰라도 그런 생활이 그에겐 적합했기에 그들의 삶은 위대해진 것이다. 시류에 따라 전염병처럼 유행하는 악습에 굴하지 않고 자신에게 적절히 어울리는 규칙을 정해놓고 인내라는 재능을 발휘하여 습관화한다. 그렇게 일생에 걸쳐 긴 시간이 흐르는 사이, 남들과 비교되지 않는 자기만의 위대한 삶이 쌓여간다. 남들과 다른 옷을 입고, 다른 말을 하고, 법을 어기고, 정부를 무시한다고 해서 특별해지는 것은 아니다. 특별함은 눈에 잘 보이지 않는 법이다. 남들이 보지 못하는 은밀하고 개인적인 일상 속에서만 특별함이 갖춰지는 것이다.

나만 힘들고, 나만 피곤하고,
나만 희생당한다는 착각

새롭지만 전혀 새롭지 않은 정신질환이 유행처럼 번지고 있다. 바로 우울이다. 거리에 나가면 우울하다는 말을 입버릇처럼 되뇌는 자들이 발에 치인다. 정신과 의사들은 우울이야말로 가장 현대적인 질병이라고 정의한다. 우울은 말 그대로 정신이 우울해졌다는 뜻이다.

그리고 인간의 정신이 오늘날과 같이 우울해진 근본적인 원인은 기술의 발달 때문이다. 인간의 육체를 위해 기술이 발달할수록 인간의 정신이 우울해지는 이해하기 힘든 상황이 펼쳐지고 있다.

기술은 인간의 정신을 나약하게 만든다. 기술과 산업이 발달할수록 인간의 삶은 외형적으로 더욱 편리해지지만, 안락한 삶에 도취된 인간은 눈앞에 어떤 문제가 나타났을 때 이성적 고뇌로 치열하게 싸워 극복하기보다는 이미 만들어진 도구를 사서 해결하려 한다.

현대의 우울함이 두려운 또 다른 이유는 그것이 특별한 증세를 보이지 않는다는 점이다. 우울의 덫에 빠져도 육체적으로는 힘든 일이 없다. 기술이 문명을 뒷받침해주고 있기 때문이다. 그래서 우울을 핑계로 얼마든지 나태해져도 그 게으름이 잘 드러나지 않는다. 또 우울하다는 변명으로 얼마든지 무감각해지는 것도 가능하다. 기분이 우울해서 타인의 고통에 신경 쓸 여력이 없다고 한마디 툭 던짐으로써 간편하게 면죄부를 행사할 수 있다. 하지만 그렇게 우울함에 취해 있다간 얼마 지나지 않아 판단력이 흐려질 것이다. 이것은 하나의 불감증이며, 이 단계에서는 사회적 인습 전반에 무기력해져 자기 생각과 감정만이 유일하게 옳다는 망상에 빠지게 된다.

이 세상에서 나만 외롭고, 나만 힘들고, 나만 피곤하고, 나만 희생당한다는 망령에 사로잡히는 것이다. 우울의 망령에 완전히 정복당하고 나면 사람의 영혼엔 오직 분노만이 남게 된다. 외로워서 화가 나고, 피곤해서 화가 나고, 남들이 행복해서 화가 나고, 마침내 화만 나는 내가 싫어서 미칠 듯이 화가 난다. 그래서 그의 가슴속에서 타오르는 분노를 가라앉

힐 수만 있다면 이 세계 전부를 희생시켜도 값싸다는 논리에 봉착한다. 우울의 끝에서 열광이 태어나는 것이다.

열광은 기존의 것들을 부정함으로써 불씨가 지속된다. 과거엔 옳았던 도덕이 오늘의 열광 속에 불법이 되고, 오늘을 있게 한 세계관이 마치 거짓인 양, 모두를 위해 세상이 새롭게 창조되어야 한다는 열광이 산불처럼 번지다가 순식간에 잿더미가 되어 꺼져버린다. 왜냐하면, 열광은 우울이라는 씨앗에서 발아된 독초이기 때문이다. 그래서 걷잡을 수 없이 사회를 혼란으로 몰아가던 주장들이 별다른 이유 없이 열기가 사그라들고, 또 별것도 아닌 사건에 광적인 집착이 일순간에 집중되어 세상이 혼란스러워지는 등, 우울과 열광이 꼬리에 꼬리를 물고 서로를 잡아먹을 듯이 난립하게 된 것이다.

현명할수록 명예와 체면이
얼마나 가벼운 것인지를 안다

명예와 체면. 기이하고 미개하며 우습기 짝이 없는 인생에서 가장 쓸모없는 규범. 그것들은 인간의 본성과도 거리가 멀고, 본질과는 더더욱 가깝지 않으며, 정상적인 인간관계에서는 절대로 파생될 수 없는 편견의 악습이다.

본인이 직접 저지른 말과 행동으로 말미암아 남에게 평가받을 뿐인데, 가만히 있는 나를 두고 남들이 멋대로 떠들어댄 이야기 때문에 사회적 평가가 확립될 수 있다는, 여기서 한발 더 나아가 나라는 실체적 가치보다 타인이 내리는 평가가 진실에 더 가깝기까지 하다는 현대사회의 체면 중시 발상을 어떻게 이해해야 할지 모르겠다.

내가 실수하고 미친 짓을 해서 명예가 땅에 떨어졌다면 이해가 된다. 하지만 남들이 이러쿵저러쿵 나에 대해 떠들어대는 헛소리 때문에 한 인간의 삶이 무참히 파괴될 수 있다는 공포는 도저히 납득이 안 된다. 구타는 그저 구타일 뿐이다. 골목에서 당나귀와 마주쳐 발굽에 치일 수도 있다. 개에게 물려도 아프고 화가 나는 것이 당연하다. 하지만 개에게 물렸다고 해서 인간으로서의 나의 명예가 땅에 떨어져 짓밟히는 것은 아니다. 당나귀에게 밟힌 것이 화가 나 당나귀 엉덩이를 걷어찼다고 해서 사람답게 보복한 것도 아니고, 어디가서 당나귀 엉덩이를 차주고 왔다고 떠들어댄들 명예를 회복했구나, 칭송받을 입장도 아닌 것이다.

옛이야기들과 그들의 삶을 돌아보건대, 고매한 문명인들에겐 명예와 체면이라는 거짓된 편견이 눈곱만큼도 없었다. 그 옛날 무시무시한 힘을 자랑하는 야만족 장수가 로마의 사령관에게 단둘이 결투를 벌여 전쟁을 종결짓자고 제안하자, 사령관은 부하들 앞에서 '차라리 나무에 목을 매고 말겠다'라며 정 싸움이 하고 싶다면 은퇴한 늙은 검투사를 보내주겠다고 야만족 장수에게 대답했다. 국가의 운명이 걸린 전쟁터에서 군인으로서 자신의 체면과 명예 따윈 나무에 걸린 시체만도 못하다고 여긴 마음 씀씀이었다.

소크라테스는 항상 사람들과 논쟁을 벌였고, 논쟁이 말싸움으로 번져 무식한 시민들에게 얻어맞는 일이 다반사였다. 소크라테스는 단 한 번도 자신을 때린 시민들을 고발하지 않았다. 한 번은 젊은 청년에게 발길질을 당했는데, 그 광경을 보고 분노한 사람들이 법정에 고소하라고 소리치자 소크라테스는 '망아지와 부딪쳤다고 망아지를 고발하는 철학자가 어디 있는가?'라고 사람들을 만류했다. 하루는 그의 제자가 유명한 어느 철학자가 거짓으로 소크라테스를 음해한다고 알려주자 '아니야, 그가 말하는 사람은 내가 아니야. 나는 그런 짓을 해본 적이 없는걸', 이렇게 무시했다고 한다.

현명할수록 명예와 체면이 얼마나 가벼운 것인지를 안다. 민주주의를 창시한 아테네 정치가들은 술 취한 시민들에게 썩은 채소로 얻어맞아도 옷을 빨면 그만이라며 부끄러워하지 않았다. 아테네의 정치가들은 억울하게 뺨을 맞아도 개나 고양이가 할퀸 것으로 생각했지, 명예가 훼손됐다며 법정으로 사건을 끌고 가지 않았다. 오늘날 체면과 명예가 그 사람의 전부인 양 절대적인 대접을 받는 이유는 이 시대의 인간관계, 혹은 권위와 신분이 편견들로 가득하기 때문이다. 사람이 체면을 중시하는 까닭은, 내세울 인간성이 직분에서 얻은 명예 말고는 아무것도 없어서다. 능력이 없으니 사람들의 존경을 받지도 못하고, 그런데 또 권력은 욕심나고, 그러니 스스로 자기 이름에 금칠을 해버리는 것이다. 존경받을 만한 행동을 할 자신이 없어 반대급부로 명예가 훼손됐다는 아집에 사로잡힌다. 명예훼손이라는 협박으로 타인에게 존경을 요구하는 것과 다름없다. 마치 온도계의 수은을 양손으로 꼭 움켜쥐어 수은이 올라가는 것을 보여준 뒤 내 덕에 방이 이만큼 따뜻해졌다고 주장하는 것과 똑같은 행태다.

이 시대가 타인과 평화로운 교제가 가능한 세상이었다면 명예는 지금처럼 훼손이라는 잣대로 고려되는 일은 없었을 것이다. 타인의 권리를 절대적으로 존중하는 세상이었다면 체면을 따지는 대신 신뢰를 이야기했을 것이다. 안타깝게도 지금 이 사회에서 명예란, 남들이 인정해주지 않아 나 혼자 주창하는 권리. 타인에게 무시당하지 않기 위해 휘두르는 입속의 칼날. 증오하는 자들과 맞서 싸우는 위협의 명분으로 남용되는 중이다.

문명이 없던 야만 시절이었다면 자신을 지키고 권리를 빼앗기지 않기 위해 신뢰보다는 공포가 자연스러운 선택이었다. 우리가 인간이 아닌 동물이었던 시절의 이야기다. 하지만 지금은 국가가 존재하고 사회가 형성되었다. 국가가 우리의 신체와 재산을 보호해주는 마당에 짐승처럼 자신의 경계를 지키기 위해 위협과 협박을 난무해야 한다는 것은 치욕스러운 행위다.

누구나 자신의 산에 오르기를 꿈꾼다

등산의 기쁨은 정상을 정복했을 때일 것이다. 그러나 최
상의 기쁨은 험준한 산을 기어 올라가는 순간에 있다. 길이
험할수록 가슴이 설렌다. 인생에서 고난이 사라졌다고 생각
해보라. 그보다 삭막할 수는 없으리라.

우리는 젊은 날에 산을 올라야 한다. 젊음은 그 자체가 거
대한 산이기도 하다. 그 산이 평지가 되기 전에 최선을 다해
올라야 한다. 젊은 시절에 자신의 산을 오른 자는 늙어서 산
의 풍성함을 맛보게 된다.

사람은 누구나 자신의 산에 오르기를 꿈꾼다. 어떤 사람
은 그 열망이 지나쳐 병이 되기도 한다. 산을 오르기란 사실
그렇게 어려운 일이 아니다. 단지 올바른 방법을 모르기 때
문에 실패하기도 한다.

Arthur

Schopenbauer

성공에 집착하는 사람일수록 타인의 성공을 시기한다. 시기 끝에 헛소문을 퍼뜨리고 중상모략을 시작한다. 이런 방법으로는 절대로 그보다 빨리 산 정상에 도달하지 못한다. 자기 능력과 체력을 고려하지 않고 단숨에 뛰어오르려는 사람도 성공하지 못한다. 일시적으로 남보다 빠를지 모르나 시간이 지날수록 뒤처진다.

산에 오르고 싶다면 남을 떠밀어서도 안 되고, 자기 능력보다 무리해서도 안 된다. 정상을 바라보며 한눈팔지 말고 묵묵히 걸음을 옮겨야 한다. 너무나 평범한 방법이지만, 이것이 산을 무사히 정복하는 최고의 방법이다.

인생이 고달파지는 까닭은 경쟁적 성공이 행복의 근본 요소라고 믿었기 때문이다. 성공이라는 감정이 인생을 즐기는 데 도움이 된다는 것을 나는 부정하지 않는다. 예를 들면 청년 시절에는 존재감이 미미했던 화가가 중년 이후 자기 재능을 인정받음으로써 행복해질 수가 있다.

돈의 힘으로 행복을 만끽할 수 있다는 것도 부정하지 않는다. 그러나 돈으로 산 행복에는 한계가 있다. 성공은 행복을 부르는 데 지불되는 한 가지 요소임에는 분명하지만, 성공을 위해 그밖에 다른 요소를 희생시킨다면 성공을 제값보다 더 비싸게 구입하는 셈이다.

누구의 도전이 가장 영광스러울까? 한 번도 실패하지 않고 산꼭대기에 오른 사람에게는 좌절이 없다. 그래서 영광도 없다. 반면에 실패할 때마다 조용히, 그러나 힘차게 다시 일어선 사람에게는 영광이 주어진다. 그에게는 좌절을 떨치고 일어났다는 아문 상처가 새겨져 있으며, 절망의 끝이 어디쯤인지를 알고 있는 눈동자가 있기 때문이다.

인생에서 가장 큰 고난은 우리가 얻고자 노력하지 않았다는 데 있다. 무언가를 얻기 위해 장애물을 뛰어넘거나 치우려고 하지 않았다는 데 있다. 그것이야말로 우리의 앞날을 가로막는 고난의 정체였다.

인내를 그대의 의복으로 삼아라. 의복을 벗고 다니는 것이 부끄러워지리라. 인내를 벗지 않는다면 수치를 당할 일도 없으리라.

신념을 그대의 양식으로 삼아라. 육신의 굶주림으로 고통받지 않게 되리라. 신념을 잃은 인간처럼 불행한 인간은 없다. 실패하고 낙오하는 자들은 대개 참을성이 부족하거나 신념을 갖지 못하고 이리저리 흔들렸던 사람들이다.

시간이 언제나 우리를 기다려줄 것이라고 착각하지 말라. 게을리 걸어도 언젠가는 목적지에 도착할 날이 오리라고 기대하지 말라. 하루하루 전력을 다하지 않고는 그날의 보람

은 없다. 보람 없는 날들의 반복으로 최후의 목표가 달성될
리 없다. 위대한 인생은 눈에 보이지 않는 성장을 통해 만들
어진다.

늙음의 덧없음

나이가 들고부터는 무엇을 봐도 예전처럼 흥미가 일어나지 않는다. 재미난 사건을 목격해도 누군가에게 달려가 이야기하고 싶다는 욕구가 일어나지 않는다. 어느새 내 안에서 열정이 사라졌다.

아름다운 여인도 나의 마음에 불을 지피지 못하고, 사랑스러운 말도 내 귀를 간지럽히지 못한다. 감각은 날이 갈수록 둔해지기만 한다. 뭔가를 생각해도 끝에 다다르지 못하고 중도에 사라진다. 여러 가지 희망과 상상들도 덧없이 사라지기 일쑤다. 포기는 내가 하루에도 몇 번씩 찾아 헤매는 사랑스러운 단어가 되었다.

그에 비해 세월은 점점 더 힘이 솟는 듯하다. 내가 의미를 찾아내기도 전에 벌써 저만치 달아나서는 나의 손이 닿지 않는지를 확인하고 있다. 내 앞으로 달려가는 세월을 보고 있으면 걸음을 떼기도 전에 지쳐버린다. 세월이 나의 속도에 보조를 맞춰줄 리가 없음을 알고 있기에 시작도 하기 전에 지루함을 느낀다.

기력이 쇠약해진 노인은 혼자 비틀거리며 반겨주는 사람이 없는 거리를 맴돈다. 그러다가 지치면 구석진 자리에 쪼그리고 앉아 과거의 젊었던 그를 추억하고, 지나간 세월의 그림자를 더듬으며 아직 뭐가 남아 있지 않을까 기대해본다. 그럴 때마다 죽음과의 거리가 조금씩 좁혀지는 게 느껴진다. 죽음은 햄릿의 대사를 중얼거리며 내 곁에 앉는다.

"아직 죽음의 손이 가져간 것은 없다. 잠도 오지 않는 밤들이 계속되던 어느 날 갑작스레 눈이 감겨 깊고 깊은 잠에 빠져버린다면 그때는…."

아름다운 얼굴도 세월이 가면 표정이 추해지고, 불붙은 열정은 한 번의 실패에 끝없는 좌절로 바뀐다. 신에게 평생을 귀의하겠다던 사제들의 결심도 유혹과 물질에 하잘것없이 쓰러지는 것을 보면서 구원에 대한 갈망조차 인간을 잡아두지 못하는데, 세상만사 그 무엇이 나의 흔들리는 마음을 붙잡을 수 있는지 또 한 번 비웃음만 나온다.

천지간에 흥망은 시간의 장난질을 감당하지 못한다. 영웅도, 국가도 시간 앞에 무력하다. 세월은 모든 것을 녹이는 거대한 용광로처럼 우리의 삶을 조금씩 녹여 이름 없는 대지에 부어버린다.

세상에 진실한 것이 있을까. 진지하게 마주하고도 상처받지 않을 희망이 존재할 수 있을까. 세상은 그저 먼지 쌓인 침대와 같아서 인생은 눕기를 바라고, 잠들기를 바라고, 영원히 깨어나지 않기를 바라는 것 외에는 이렇다 할 소원도 없다. 사람을 자살로 이끄는 절망도 따지고 보면 찰나에 주어진 통증 같은 것이다.

절망은 우리에게 죽음을 보여준 적이 없다. 끈을 둥글게 말아 목에 걸라고 등을 떠민 적도, 낭떠러지에 올라 뛰어내리라고 가르친 적도 없다. 절망은 우리에게 아무 짓도 하지 않았다. 그는 자기에게 주어진 임무를 성실히 수행하고자 분별 있는 인간, 그래서 상처받은 인간의 침실을 정중하게 노크했을 뿐이다. 다만 지레 겁먹은 우리가 절망을 죽음과 혼동하여 좌절하고 포기했다.

절망의 형제인 희망도 다르지 않다. 희망은 우리에게 희망을 주었는가? 아니다. 단지 속여 왔을 뿐이다. 아주 오랜

Arthur

Schopenbauer

시간 인간을 속여 왔다. 좀 더 기다리면, 좀 더 노력하면 내가 그대를 찾게 되리라, 그렇게 우리에게 거짓말을 했다.

얼마나 많은 사람이 희망의 속삭임에 빠져 인내하고 노력했던가. 그 결과 저들은 희망이 절망이 되는 참혹한 순간을 온몸으로 버텨내야 했다. 희망이 우리에게 준 것이 있다면 언젠가 다시 가져갈 작정이기 때문이다. 희망이 우리에게 꿈을 주었다면 언젠가는 꿈에서 깨어나야 한다. 희망이 우리에게 삶의 목표를 주었다면 목표가 달성되는 순간, 우리의 노고는 누군가가 희망했던 대로 그에게 고스란히 바쳐지게 될 것이다.

그런 점에서 절망은 희망보다 솔직하다. 그는 우리에게 한 번 준 것을 다시 찾아가지 않는다. 우리가 이 진흙탕 같은 구차한 세계에서 빠져나와도 더럽혀진 시간은 깨끗해지지 않는다고 말한다. 그래서 인간은 '세계외(世界外)'의 절대적 공간, 그리고 그 공간을 창조한 절대자를 의지하려고 한다. 이것은 욕망에서 비롯된 환상이다.

우리는 낙원을 그리워한다는 이유로 낙원의 실체를 믿고 싶어 하는데, 그리움은 떠나온 곳에 대한, 떠나간 자들에 대한 향수가 아닐 수도 있음을 인정해야 한다.

그리움은 욕망의 절정으로 인간의 망상은 때로는 체험하

지 못한 미지에 구애받을 때가 있다. 우리는 단 한 순간도 실재하는 낙원을 거닐어본 적이 없음에도 어딘가에(혹은 죽은 뒤에라도) 낙원이 실재하고 있으리라 믿는다. 그 믿음에 기대어 이 비참한 시간과 맞서 싸워보지만, 막상 기대했던 낙원의 구성 요소들이 모두 채워진 환경이 주어지면 인간은 또 다른 요구 조건을 내세워 그곳을 피로 물든 전쟁터로 변모시키고, 새롭게 낙원을 개척하려 한다.

다시 말해 우리는 미래의 행복을 추구하면서 행복의 유무에 대한 증거로 행복한 시절을 그리워하는 추억을 제시하는데, 진실은 그렇게 내세운 그리운 추억들이 모두 거짓이라는 데 있다. 만약 천국이 있고, 구원받은 자들이 천국에 입성한다면 그들은 수년 내에 새로운 천국의 조성을 위해 신께 기도드릴 것이다.

결국, 나이가 들어서도 어린아이와 마찬가지로 햇살이 내리쬐는 벌판에서 뜬구름만 쳐다보고 있다. 그 투명한 소립자의 무리가 우리 머리 위로 그림자를 드리우는 주범임을 깨닫지 못한 채 말이다. 늙음의 덧없음보다 더욱 슬픈 인간의 자화상이다. 구름 너머에서 햇빛이 비치고 있듯이 삶의 기쁨은 언제나 과거, 또는 미래에만 존재한다. 오늘의 내가 손댈 수 없는 곳에만 기쁨이 넘친다.

Arthur

Schopenbauer

우리는 몰락의 징조를 깨닫기 시작하는 노인이 되고서야 도덕을 이해하게 되고, 자신의 죽음이 가장 성스러운 가치를 지니고 있었음을 알게 된다. 그것이 인생의 유일한 열매임을 깨닫게 된다.

세월이 우리 곁을 따라다니는 이유는 우리를 착취하는 것뿐만 아니라 우리를 타락시키기 위한 목적이 숨어있음을 나의 젊은 날이 알고 있었더라면 어땠을까. 병든 몸으로 내가 궁리해볼 수 있는 남겨진 과제는 이것뿐이다.

인생에서 '죽음'보다 확실한 것은 없다

아직 이르다고 생각될 때 죽음이 찾아온다. 보통 사람들은 대부분 그렇게 생각한다. 하지만 이것은 망상이다. 죽음은 그에게 꼭 필요한 순간에 이루어진다. 어린아이가 어쩔 수 없이 어른으로 성장하듯 죽음은 우리 곁으로 다가온다.

우리의 이성이 우리의 현실보다 항상 앞서나가고, 더 많은 충동에 휩싸이기 때문이다. 바꿔 말하면 우리의 현실이 우리의 이성을 만족시키지 못한다는 뜻이다.

영생은 시간을 인식하는 우리의 관념과 현재 진행 중인 삶의 의식 중 어느 쪽이 더 현실적인가를 질문하고 있다. 어느 쪽에 인생의 관점을 둘 것이냐고 묻는다. 영생 그 자체는 결과론이므로 실제의 우리 삶에 아무런 영향도 끼치지 못한다. 그보다는 자신의 쾌락이 누군가의 고통으로 가능해졌으며, 나의 고통은 다른 누군가가 원하는 쾌락 때문임을 자각하는 것이 더 중요하다.

행복은 희생을 동반하기 마련이다. 상실 없이는 기쁨이 없고, 절망 없이는 진리에 대한 감지도 없다. 고통과 쾌락은 서로 꼬리를 물고 있는 두 마리 뱀의 형상이다. 한쪽의 고통으로 다른 한쪽의 고통이 시작되고, 고통이 더해질수록 서로의 꼬리를 무는 힘도 강해진다.

삶과 죽음도 그와 같아서 삶에 더없이 집착하는 자에게 죽음은 더 빨리 찾아오고, 오히려 죽음을 기다리는 자에게 삶은 더욱 긴 시간을 펼쳐놓는다.

불명확한 인생에서 죽음보다 확실한 사실은 없다. 우리 모두에게 죽음이 찾아온다는 사실보다 명확한 전제는 없다. 죽음 앞에 놓인 인간의 운명은 오늘이 가고 내일이 올 것이라는 당연한 사실보다, 해가 지면 어둠이 찾아온다는 눈으로 목격한 사실보다, 겨울이 가면 따뜻한 봄날이 시작되리라는 부푼 기대보다 더욱 명확한 진실이다.

그러나 사람은 내일을 준비하고, 어둠을 대비해 거실에 불을 밝히고, 봄을 기대하며 두꺼운 털옷은 정리해도, 내일 찾아올지 아니면 잠시 후 저녁에 찾아올지, 혹은 내년 봄에 찾아올지 모르는 죽음에 대해서는 아무런 준비도, 계획도 세우지 않는다.

우리는 항상 죽음을 떠올려야 한다. 그것이 우리에게 삶이 허락된 이유임을 깨달아야 한다. 우리는 죽기 위해 태어난 자들이다.

우리가 할 수 있는 죽음의 준비는 오직 이것뿐이다. 더 나은 삶을 살려고 노력하는 것. 두려움과 아쉬움과 남겨진 자들에 대한 걱정으로 죽음의 눈치만 보던 우리들이 당당하게 죽음과 대면하여 공포도, 후회도, 근심도 없음을 확인시켜주는 것. 보다 나은 삶이 우리를 죽음으로부터 지켜주는 유일한 보호막임을 기억해야 한다. 이것이 좀 더 의연하게 죽음이라는 숙명을 받아들일 수 있게 해준다.

죽음이 두려운 까닭은 공허와 암흑을 떠올리게 만들기 때문이다. 그리고 우리가 공허와 암흑을 두려워하는 까닭은 도처에 흩어져 있는 우리의 삶을 제대로 돌아보지 못하기 때문이다. 육체적 죽음은 공간에 속한 육체와 시간에 대한 인지를 소멸시키지만, 삶을 이루는 기반, 즉 세계와 존재 사이에 이룩된 특수한 우정은 깨뜨리지 못한다.

그러므로 우리는 죽음이 우리에게 선물한 고통에 감사해야 한다. 고통을 알지 못하는 자에게 이성은 쓸모가 없다. 동물, 그리고 동물로서의 인간이 저지르는 활동은 어떤 식으로

Arthur

Schopenbauer

든 고통을 동반한다. 그 병적인 감각에 익숙해지면서 타자(他者)에게로 고통의 확대를 시도한다. 자신의 병적인 감각을 제거, 혹은 축소시키기 위해 고통의 전반적인 확대를 계획하는 것이다.

우리가 각자의 삶에서 선별하고 시도하는 모든 활동은 결과적으로 자신의 고통뿐 아니라 타인의 고통으로 이어지고, 이는 곧 죽음의 감각을 일깨우는 필요조건이 되곤 한다.

그러나 동물과 동물로서의 인간은 고통 때문에 파괴되지는 않는다. 내구성이 강해서도, 고통에 대한 면역력이 강화되어서도 아니다. 고통에 의해서 비로소 완성되는 존재이기 때문이다. 고통은 인간을 포함한 모든 생명체가 걸어가야 할 필수 과정이다. 절대로 사라질 리 없는 유일한 길이다. 그 끝에 죽음이 있다. 죽음이야말로 우리를 완성하는 강력한 본성인 것이다.

부모는 자녀를 개인으로
바라봐주지 않는다

사랑의 결실인 결혼은 이해할 수 없는 행위들의 반복이다. 결혼에는 상호희생과 헌신이 불가결한데, 이질적인 두 사람이 자발적으로 이러한 자기부정에 동의한다는 것이 이해되지 않는다. 결혼은 두 사람을 공동의 실존에 놓이게 만든다. 공동의 실존은 배우자의 개성과 개별적인 목표보다 상위개념으로 작용된다.

개인의 이득보다 공동의 이득이 우선하고, 개인적인 속성보다 공동의 총체성이 우선한다. 이로써 두 사람이 하나의 실존상태가 되는 것이다. 생사고락을 함께하고 육체관계를 기반으로 새로운 생명을 탄생시킨다. 이 모든 과정에 사랑이 개입하는데, 앞서 살펴본 대로 사랑은 사랑하는 사람의 본질 속에서 자신을 찾고자 만들므로 이러한 관계가 유지되는 것

Arthur

Schopenhauer

이다. 따라서 진정한 결혼은, 그것의 어리석음 유무에 상관없이, 겉으로 보기엔 꽤 종교적인 신성함을 나타낸다고 볼 수 있다. 정신적으로는 완전한 타인이었던 배우자에게 종속되어 모든 판단과 결의를 헌납하고, 육체적으로는 성적 결정체인 자기 생식기에 대한 권한을 배우자에게 양도하는 것이기 때문이다.

하지만 인간은 어디까지나 개별적이고 독립적인 사물이기에 결혼한 부부는 그들 자신을 대상화할 수 있는 수단을 마련하게 되는데, 여기서 대상화란 그들을 부부로 존속시켜주는 사랑을 하나의 구체적인 사물로 입증해낼 필요성을 느끼게 된다는 뜻이다. 그 입증의 결과가 바로 물성을 지닌 새로운 존재의 창조, 즉 자녀다.

자녀가 태어남으로써 사랑에 빠진 두 사람은 마침내 배우자의 본성 속에 가둬두었던 자신의 본성을 회복할 기회를 얻는다. 부부에게 자녀는 사랑의 결실이 아니라 그들이 본래의 자신으로 되돌아갈 기회인 것이다.

두 개의 성격이 사랑에 의해 반강제적으로 합일을 이루었지만, 이 합일은 개인의 성격적 측면에서 봤을 땐 자기를 부정당하는 격렬한 통증이다. 이 고통에서 해방되는 방법은 두 가지인데 하나는 이혼이고, 다른 하나는 자녀의 인격 속에서 각자 자신을 닮은 성격을 출몰시키는 것이다. 부부에서 부모가 된 두 사람의 투쟁이 이렇게 시작된다. 자녀의 인격에서 배우자보다 자신의 성격적 특성을 더욱 확대하려는 욕망은 사랑 때문에 자신이 포기했던 개성의 연속성을 보장받으려는 일종의 보상심리다.

부모가 된 부부 관점에서 자녀란, 눈에 보이지 않던 그들의 사랑이 사물화되어 나타난 부정할 수 없는 사랑의 증거인 동시에 상대방에게 귀속된 자신의 본성을 자녀에게 주입해 자녀를 확대된 자신의 일부로 편성하려는 욕망의 도구이다. 자녀를 통해 두 사람은 사랑의 통일된 결과물을 얻어내고, 또한 개인으로서는 하나였던 자신이 둘로 증가하는 기쁨을 만끽하는 것인데, 문제는 자녀 또한 부모와 마찬가지로 하나의 개성이므로 부모의 속성을 물려받았다고는 해도 자녀가 인식하는 자녀의 본질은 부모의 본성에서 파생된 결과물이 결코 아니라는 점에 있다. 자녀에게 자녀 자신은 부모의 또다른 자아가 아니다. 그는 자신을 제1의 본성, 부모라는 존재와 상관없이 세상에 유일무이한 단 하나로 본인을 인식해버린다. 부모와 자녀의 투쟁이 시작되는 것이다.

인간은 자기 자신을 타자의 의식 속에서 정립한다. 내가 타인의 눈에 어떻게 보이는지를 생각함으로써 나와 타인을 구별하게 되고, 남과 다른 나의 개별성을 지향하게 된다. 이것이 인간이 상호 간에 서로를 이해하고 인정하는 기반이다. 타인을 인정한다는 것은 나의 의식 속에 타인의 개별성을 끌어들여 나와 별개의 존재임을 확인하는 일련의 과정이다.

나와 마주 보고 있는 한 사람을 나와 구별되는 개인으로 판단하여 그 사람을 나처럼 자유로운 하나의 인격체로 인정하는 것인데, 부모와 자녀 사이에는, 정확히는 부모가 자녀를 바라볼 때, 부모는 타인에게 허락하는 기본적인 인정조차 자녀에겐 허락해주지 않는 경우가 많다. 이것은 타인처럼 개인이 구별되지 않아서다.

부모는 자녀를 개인으로 바라봐주지 않는다. 자신이 사랑에 빠졌을 때처럼 자녀의 속성이 자기 안에 갇혀야 한다고 믿기 때문이다. 그것이 사랑의 결과물이며, 자신이 사랑에 빠진 거룩한 대가로서 주어져야 한다고 믿기 때문이다.

자녀 또한 타인과 마찬가지로 나와 구별되는 하나의 개인임을 인정하는 부모는 매우 드물다. 자녀를 개인으로 인정해주는 것이 자녀를 향한 애정이 없다는 식으로 오해하는 부모도 많다. 자녀를 나와 동등한 개인으로 인정해주지 않으면 자녀도 그에 대한 상호반응으로 부모를 개인으로 인정하지 못하게 된다. 부모도 나와 마찬가지로 자유로운 개인임을 인식하지 못하는 자녀는 부모의 모든 것을 자기 소유로 인식해 버린다.

부모에겐 개성도 없고, 감정도 없고, 오직 나를 위해 일생을 내 노예처럼 내가 필요로 하는 것들을 공급해주는 하나의 물건으로 부모를 취급하게 된다는 뜻이다. 그리고 이 모든 불행이 결국 누군가를 사랑하는 데서 시작됐음을 상기한다면, 사랑이야말로 한 사람의 일생을 추락시키는 가장 근원적인 불행이라고 말하지 않을 수 없다.

가진 자에게도,
다스리는 자에게도 '장수'는 징계다

밝은 햇살이 내리쬐는 대지 위에 온갖 종류의 불행과 좌절과 죽음들이 널브러져 있다. 사람들은 사는 게 괴롭다는 말을 쉴 새 없이 반복하면서도 그 지겹고 힘든 삶을 종료시켜 줄 사건과 질병을 회피하기에 여념이 없다.

나는 태양이라는 우주에서 가장 밝은 행성이 달에게 그랬던 것처럼 지구에도 흥미를 잃어주었으면 한다. 비굴과 후회가 난무하는 지상의 인간들을 어둠에 묻어버렸으면 한다. 지구의 표면도 달의 껍질처럼 얼어붙게 내버려 두었으면 한다. 내가 태양을 볼 때마다 생각하는 것은 그것 하나다.

인간의 생애는 허망한 축복과 평화롭고 안정적인 노화 과정을 방해하는 사건들로 나눌 수 있다. 많은 재물을 소유한 자들, 사람 위에 군림하는 권력자들, 천국이 저희 것인 양

함부로 면죄부와 구원을 판매하는 목사들마저도 나이가 들면 그들이 누리는 권위와 명성보다 나이를 먹고 몸에서 빠져나간 혈기와 기운을 그리워한다. 천국이 가까워졌음에도 밤마다 욕정에 시달려 침상을 뒹굴던 수십 년 전의 보잘것없었던 자신을 그리워한다.

젊은 시절 빈곤한 자를 짓밟고, 옆자리의 동료를 절벽 밑으로 떨어뜨리며 눈에 보이는 모든 지위와 재물을 손에 움켜쥐려던 거대한 욕망은 나이와 더불어 세상에 초연해진다. 그가 살아온 시간에 실망하게 된다.

현재의 위치까지 올라오는 데 필요했던 분노와 시기와 잔인이, 실은 나를 기만한 하찮은 사건들에 불과했음을 고백하게 된다. 가진 자에게도, 다스리는 자에게도 인생은 미궁이며, 장수는 징계다. 삶이 우리에게 안겨주는 단 하나의 공평이다.

몇 대씩 장수하는 집안이 있다. 할아버지도, 아버지도, 그 자신도 사랑하는 가족이 죽은 후에도 홀로 끝까지 살아남아 자신의 인격을 모욕하고 저주하며 쓸쓸한 죽음을 맞이한다. 오히려 잊지 않고 찾아와주는 죽음에 고마운 마음이 들 정도다. 그들이 살아온 시간을 열거하자면 골동품 가게의 진열대에 올려진 먼지 쌓인 상품이다. 나름대로 이야깃거리가 있고, 추억이 있고, 놀랄만한 반전과 위험을 헤쳐온 생생한 목격담이 가득하지만 듣는 사람 입장에서는 지겨움밖에 남는 게 없는 싸구려 동화책이다.

할아버지도, 아버지도, 그 자신의 이야기도 다 들어줄 필요가 없다. 그의 할아버지가 살아온 인생이 그의 아버지가 살아온 인생이며, 곧 그 자신이 살아온 인생이다. 같은 이야기를 주인공 이름만 바꿔가며 떠들어대는 소리꾼의 레퍼토리와 비슷하다. 1회 상영으로 족한 연극이 철마다 반복된다. 보는 사람 입장에서는 지겹다 못해 나중에는 미쳐버릴 것 같다. 막이 올라가고 주연배우가 등장해 첫 대사만 읊조려도 연극의 결말이 보인다.

인간의 장수는 드넓은 밤하늘에 떠 있는 작은 별이다. 그 별에 이름을 붙이는 자도 없고, 특별히 기억하려는 자도 없다. 비슷비슷하게 생긴 별도 일일이 손으로 세기 힘들 만큼 많다. 그렇다고 별이 혼자 밤하늘을 비춰줄 수 있을 정도로 밝은 것도 아니다. 이런 별들의 일과는 무척 단순하다. 비극이 연출되는 지상을 몰래 훔쳐보는 것이다. 지상은 가장 행복한 순간마저도 권태가 숨어 있는 모순의 연속임을 상기했을 때 밤하늘의 별처럼 소모적이고 비생산적인 존재도 드물다.

수천 년, 아니 수억 년 넘게 지구의 밤하늘을 떠도는 별들이 마지막에 내리는 결론은 다음과 같다. 지상에 부러운 인간은 한 명도 없다는 것이다. 반대로 불쌍한 인간들은 헤아릴 수 없을 만큼 많다. 밤하늘의 별에게 인간의 생애는 등에 짊어지고 걸어가면 걸어갈수록 등허리가 휘어지는 노새의 짐이다. 인생 그 자체가 인간에게는 짐이다.

내가 이런 말을 하면 나의 철학에는 위로가 없다며 세상 사람들은 비난할 것이다. 이런 비난은 세상을 창조하신 이가 있으며, 그가 만물을 지으셨기에 이 비굴한 삶도 그의 의지에 따라 얼마든지 구원받을 수 있다는 거짓말이 듣고 싶어 교회 목사를 추궁하는 가난한 성도들의 욕심과 다르지 않다. 나는 굴복할 의사가 없다.

교회에 나가는 것을 욕할 생각은 없다. 하지만 나를 귀찮게 해서는 안 된다. 세상에 구원이 있고, 질서가 있고, 사랑과 화평이 넘친다는 말이 듣고 싶다면 교리나 성서를 개정하는 편이 더 빠르다. 나의 철학에서 신앙 문답과 같은 죄 사함의 기만을 갈구해서는 곤란하다.

당신들의 주문에 응할만한 장사꾼은 대학강단에 널리고 널렸다. 돈 몇 푼만 던져준다면 기대 이상으로 인류의 삶을 아름답게 포장해줄 사이비 철학자들이 널리고 널렸다. 그들을 찾아간다면 얼마든지 원하는 답을 얻을 수 있다. 철학 교수가 매년 발표하는 성선설(性善說)을 내게 기대해서는 안 된다. 나는 인간의 낙천을 비관으로 만드는 재주밖에 없는 사람이기 때문이다.

판단을 타인에게 의존하지 말라

인간의 정신이 도달할 수 있는 정점은 판단이다. 판단을 타인에게 의존하지 않고, 타인의 의사를 수용하지 않는 것, 그것이 인간 정신의 정점이다. 자기 스스로 결정한다는 것만큼 개체로서 완성도와 독립성을 보여주는 증거는 없다.

판단은 스스로 사색하지 않고서는 불가능하다. 제시된 의견을 비판하고 보완하고, 새롭게 정립하는 과정이야말로 사색이라는 직관적 표상의 완성형이라고 할 수 있을 것이다. 이처럼 스스로 판단할 수 있게 된 인간은 제국을 다스리는 황제처럼 정신적 세계에 자기만의 영토를 다스릴 수 있게 된다.

이에 반해 범인(凡人)은 제국의 소시민처럼 수용과 복종을 최고의 미덕으로 삼는다. 그들이 평상시에 자주 보여주는 표정과 즐겨 쓰는 몇 개의 단어만 파악하면 그가 얼마나 오

Arthur

Schopenbauer

랫동안 복종을 일삼았는지 알게 된다.

한 가지 주의할 점은 판단과 권위를 혼동하지 말라는 것이다. 세상 사람들은 난제와 부딪혔을 때 권위를 따르면서도 의기양양하게 스스로 판단한 것처럼 착각에 빠지곤 한다. 권위를 갖춘 말을 인용했을 뿐이면서 마치 자신이 직접 고안해 낸 결론인 것처럼 스스로를 속이곤 한다.

인간의 나약한 정신은 힘들게 자신의 이해와 통찰을 동원하기보다는 타인이 떨어뜨린 몇 마디 말을 잽싸게 주워 담아 아무도 없는 곳에서 몰래 삼킨 후 배설하기를 즐겨한다. 손수 수고하여 바구니에 담은 과일보다 남들이 먹다 버린 썩은 과육의 배설물을 더욱 신봉하는 것이다. 우리 주위에 이마저도 어려워하는 인간들이 많다는 점에서 그들은 손쉽게 지식인, 양식 있는 학자라는 이름표를 취득하곤 한다.

세네카의 한탄처럼 "인간은 스스로 판단하기보다는 누군가의 말을 믿고 싶어한다." 그러므로 논쟁이 시작되었을 때 사람들이 주로 선택하는 무기는 누군가의 권위다. 그들이 보유한 무기는 따지고 보면 닳고 닳은 명성이며, 우리 시대에 어울리지 않는 철 지난 갑옷이다. 이런 자들과의 논쟁은 굉장히 소모적일 수밖에 없는데, 자력으로 확보한 근거와 논리로 판단하더라도 권위에 취한 자들을 깨우기가 쉽지 않기 때문이다. 마치 죽음도 피해가는 지크프리트(Siegfried : 게르만의 주신 오딘의 후손으로 용을 퇴치할 때 용의 피를 뒤집어써 불멸의 존재가 되었다고 함)와 같다.

창과 칼, 불에 태워도 다시 살아나는 지크프리트처럼 그들이 신봉하는 권위는 논리에 의해서도, 논증에 의해서도, 확고한 근거에 의해서도 물리칠 수가 없다. 그들은 타인이 쟁취한 자발적 논리를 인정할 줄 모른다. 그들에게는 사라진 자들의 권위가 오물처럼 묻어 있기 때문이다. 죽은 자의 들리지도 않는 목소리가 그들이 인정하는 유일한 판단이다.

우리가 사소한 일에 위로를 받는 이유는
사소한 일에 고통받기 때문이다

우리가 사소한 일에서 위로를 받는 이유는 사소한 일에서 고통받기 때문이며, 신을 안다고 말하는 자 중에 신을 사랑하는 자가 극히 적은 이유는 형식과 진실의 거리가 비교도 안 될 만큼 멀기 때문이다. 행복을 손에 넣고 싶다면 인생의 목표가 행복이 되어서는 안 된다. 행복 이외의 다른 목표를 추구해야 한다.

어떤 사람은 말한다. 나 혼자만을 위한 행복은 원하지 않는다. 우리는 타인의 행복, 인류의 진보, 문명과 예술의 발전을 위해 헌신한다고. 모두 거짓말이다. 그들의 수고는 개인의 야심을 채우기 위한 지극히 사적인 노력이다.

행복은 수단을 통해 달성되지 않는다. 어떤 목표를 향해 의지의 실천을 했을 때 길의 중간에서 우연찮게 얻은 물 한

모금 같은 것이다. 깃발이 꽂혀 있는 종점에 행복이라는 단어가 새겨져 있다면 그것은 진정한 행복이 될 수 없다. 그 깃발을 손에 넣기 위해 어디선가, 누군가와 무엇인가를 실천하고 있다면, 그의 삶은 진정한 행복을 만끽하지 못하게 될 것이다.

2부

Arthur Schopenhauer

행복이란 단어를 제거하면
행복할 수 있다

내가 청년들에게 해줄 수 있는 조언은 뭔가를 얻기보다는 뭔가를 제거하는 쪽으로 방향을 잡으라는 것이다.

돈을 벌어 부자가 되겠다는 생각을 버리고, 가난하지 않겠다는 생각을 한다. 건강해지려는 욕심을 버리고, 병에 걸리지 않겠다는 다짐을 한다. 즐겁게 놀기보다는 욕을 먹거나 비난받지 않도록 한다. 이것은 다분히 현실적인 생활수칙이다. 이 수칙들을 지킨다면 작지만 확실한 성과를 거둘 수 있다.

머릿속에서 행복이라는 단어를 제거하면 이 수칙들을 좀더 쉽게 지킬 수 있다. 내가 좋아하는 프랑스 속담 중에 '더 좋은 일은 정말 좋아하는 일의 적이다'라는 말이 있다.

견유학파(소크라테스의 제자 안티스테네스가 창설한 고대 그리스 철학의 학파)가 향락을 배척한 이유는 향락에는 다소나마 고통이 따랐기 때문이다. 그들은 약간의 고통이 따르는 향락보다는 향락이 없는 대신 고통도 없는 삶이 낫다고 생각했다. 그래서 고통을 없애기 위해 전력을 다했다. 당연한 결과로서 그들은 삶이 조금도 기쁘지 않았지만, 어쨌든 그들의 삶은 조금도 고통스럽지 않았다.

인생은 불행해지기는 쉬워도 행복해지기는 어렵다. 행복을 포기하는 것은 위선도 아니고 절망도 아니다. 가장 현명한 선택이다. 그 선택이 지혜의 시작이다. 인생의 지혜란 어떤 일을 만나더라도, 어떤 사람을 만나더라도, 어떤 상태가 되더라도 크게 놀라지 않고, 크게 실망하지도 않고, 크게 기대하지도 않는 중용의 미덕이다. 크게 실패해도 크게 실망하지는 않는다. 크게 성공해도 크게 기뻐하지 않는다. 인생이라는 게, 사실 크게 휘둘릴 만한 가치가 없기 때문이다.

젊은 시절엔 이렇듯 위선의 함정만 잘 피해 나가도 이른 나이에 삶을 통찰할 수 있게 될 것이다. 제대로 된 인생이 무엇인지는 사람마다 다르겠지만, 편하게 살고 싶다면 일찌감치 위선의 가면을 벗어버리는 것이 좋다. 화려할수록 위험하다. 세상은 무대와 같아서 눈에 보이는 건 겉모습에 불과하다. 연극이 끝나면 그 화려한 무대는 순식간에 철거되어 텅 빈 창고가 될 것이다.

신의 은총에
인생을 던지고 싶지 않다

영국을 여행하고 돌아오는 여정에서 나의 양심은 나 자신이 처참하다는 것, 나약하다는 것, 겁쟁이이며, 타인에게 나쁜 인상을 주지 않으려고 그들을 두려워한다는 것을 알려주었다.

다른 비난은 그럭저럭 참아낼 수 있다. 그러나 내가 겁쟁이라는 비난은 도저히 참을 수가 없다. 그 비난의 정당성이 너무나 확고하기 때문이다. 겁쟁이의 배후에는 동정심이 없다. 현재 내가 경험하고 있는 치욕이 나의 외적인 패배를 진리로 받아들이게 한다. 나의 자존심과 허영이 상처받고 있다. 이 상처가 너무나도 깊게 나의 삶 속으로 파고들고 있다.

여행 도중에 그동안 깨닫지 못했던 나의 특징을 몇 가지 발견했다. 나는 인간들, 즉 타인을 평가할 때 외모와 태도를 매우 중시한다. 그들의 외모와 태도에서 특별한 인상이 전해지지 않을 때면 나는 그들을 나보다 열등한 인종으로 평가한다. 타인을 평가하는 나의 기준은 외모와 태도, 다시 말해 눈에 보이는 부분들이다. 물리적인 시각을 통해 '그는 평범하다', '그는 특별하다'라고 사람을 판단한다.

그러나 지금까지 내 입을 통해 이 같은 판단기준이 발설된 적은 한 번도 없다. 그들을 바라보는 나의 눈빛이 그렇게 이야기했을 뿐이다. 나의 눈빛은 어떤 경우에도 거짓말을 하지 않는 나의 유일한 신체 부위다. 나의 눈빛에는 감정과 판단과 결말이 공존한다.

이 같은 근거가 한 개인을 판단하는 데 매우 부당하다는 것도 알고 있다. 왜냐하면, 최초의 '평범하다'라는 판단 이후에도 그 대상과 인격적으로 친밀해져 그는 '특별하다'라는 의견으로 바뀌기 때문이다. 한마디로 정의해서 외부를 바라보는 나의 시선은 매우 피상적이다.

나 자신을 판단하는 그 눈으로 외부세계를 분별할 수 있다면 좋겠는데, 현재로서는 이 또한 쉽지 않다. 최대한 빨리 수정해야 할 점은 나 자신을 특별하게 생각하는 허영이다. 모든 사람을 나와 비교한다. 나보다 열등하다고 생각되면 가차 없이 '평범'이라는 꼬리표를 붙여버린다.

인간의 탐구가 언어와 글로 이루어지는 것이라면 인간의 언어는 좀 더 난해해질 필요가 있다. 좀 더 이상적인 의미에서 언어와 글이 다뤄져야 한다. '표상'에 대한 고찰은 바라보는 것에서 시작한다. 우리가 바라본 것들을 말로 옮길 수 있어야 한다. 그러기 위해서는 보다 순수하고, 명석하고, 가식적이지 않은 언어가 필요하다.

영웅이 아닌 인간은 그 자체로 취약하다. 자신의 나약함을 감추기 위해, 다른 존재의 부속물로 전락하지 않기 위해, 인간은 영웅을 연기한다. 모든 영웅은 자신의 부채를 명확하게 인식하고 있다. 빚에 쪼들린 그들의 각박한 삶이 그들을 무모하게 만들고, 비상식적으로 만들고, 그 결과 운 좋게도 영웅이 탄생하는 구조다.

용기가 없다는 것은 부끄러운 행태다. 나는 용기가 없다. 그래서 겸허해질 수밖에 없다. 나의 입술에 담긴 몇 개의 언어로 나를 표현할 뿐이다. 하찮은 인간의 말로 내 생애를 정의할 뿐이다.

이상을 꿈꾸는 것은 인간으로서 정당한 행위다. 그러나 이 세상을 살아가는 사람 중 자신의 이상을 연출하고자 시도하는 사람이 몇 명이나 될까? 그 이상을 자신의 삶에서 격리하고, 이상을 이상으로서 바라보는 것처럼 난해한 목표가 어디에 있을까? 도대체 이것이 가당키나 한 꿈인가? 선한 인간이 가능할까?

인간은 이기적이고, 이기적이기 때문에 인간으로서 도태를 면할 수 있었다. 따라서 이기심을 억제하고 타인에게 선행을 베푸는 행위는 인간으로서의 자아를 포기했다는 뜻이다. 만약 인간이 어떤 존재인지를 이해하고 있다면 인간에 대해 다음과 같이 정의하게 될 것이다.

인간은 만물 앞에서 자신을 강탈당하든지, 자기 앞에서 만물을 파괴하든지 둘 중 하나만 선택해야 하는 존재다. 신의 은총에 인생을 던지고 싶지는 않다. 신은 이 세계의 수많은 출구 중 하나일 뿐이다.

내가 강해질수록
나는 더욱 치명적인 상처를 입는다

내 마음은 나를 떠난 지 오래다. 나의 이성은 존립의 정당성을 변명하는 데 지쳐버렸다. 더 이상 올바른 판단을 내리지 못한다. 내 마음은 아무런 근거도 없이 이쯤에서 모든 것을 포기하자고 속삭인다.

그리고 현재와 같은 상태라면 세계의 근거는커녕, 나 자신의 일반적 근거마저도 설명할 수 없다. 물론 일은 중요하다. 나에게는 사회적 책무와 그에 어울리는 직책이 있다. 나의 부조리한 정신을 책망하기 이전에 사회적 책무부터 마무리하는 것이 순서다. 나에게는 증명해야 할 것들이 많다.

사람들은 지혜의 판단은 신에게 있다고 말한다. 나는 이같은 표현을 증오한다. 내가 지혜로운 인간인가를 판단하는 것은 신이 아니라 나의 임무다. 확신을 가져야 한다. 명백한 근거가 나열되지 않더라도 확신을 가져야 한다. 나는 지금 올바른 길을 걷고 있다, 나는 잘못되지 않았다라고 외쳐야 한다. 이것은 나의 일이다. 그리고 이 일에서만 만족을 느낀다. 나의 정신은 병들지 않았다. 나는 사고를 겪지도 않았고, 질병에 전염되지도 않았다.

나는 충분히 지혜로우며, 신이 아니더라도 나의 존재를 스스로 증명해낼 수 있을 것이다. 이곳에 안주해서는 안 된다. 불가능하다고 포기해서는 안 된다. 나는 지금까지 안주한 적이 없다. 신에게 평안을 구해본 적도 없다. 현재의 내 위치는 나 자신의 허락을 통해 축적되었다.

그런데 언제부턴가 단 한 번도 느껴보지 못했던 의존성의 실체를 깨닫기 시작했다. 분명 무엇인가가 잘못되었다. 우선은 이 잘못된 상황을 사실로써 받아들이는 것이 중요하다. 확고한 불변이라고 믿었던 것들이 나를 배반하고 있다. 마치 강물에 떠 있는 느낌이다. 언제 가라앉을지 모르는 위태로운 상황이다. 이 또한 수용해야 한다.

내가 진정으로 바라는 것은 마주침이다. 어둠 속에서 나를 노려보는 공포들과의 마주침, 나를 경악하게 만드는 나자신의 숨겨진 의지와의 마주침, 내 삶에 아직도 행복이 남아있다고 확신하는 어리석음과의 마주침, 그리고 이 세계의 숨겨진 진실과의 마주침이다. 물질적인 행복과 마주침은 오래전에 포기했다. 포기가 아니라 거부다. 내가 아닌 다른 어떤 것에도 이 삶을 '의존'시키지 않겠다는 포부가 있었다.

의존의 사고를 소멸시키기 위해 나는 철학이라는 약을 마셨다. 그러나 환경이 바뀔 때마다 나는 돈에 의지했고, 환경을 바꾸기 위해 돈을 사용했다. 그리고 나에게 말했다. "너는 지금 병에 걸린 거야, 넌 곧 죽게 될 거야…" 그렇다, 나는 곧 죽게 될 것이다. 이런 상태가 지속된다면 머잖아 나의 정신은 소멸하고 말 것이다.

하지만 그것으로 끝이 아니다. 나는 결국 인생에서 도망치게 된다. 현재의 상태에서 도주를 선택한다. 가장 시급한 것은 이 그릇된 상태를 어떻게든 중단시키는 것이다. 내 마음의 심연에서 시선을 거두고 다시 한번 세계를 바라봐야 한다. 시간이 지나면 나의 눈길은 자연스레 마음의 심연에 이를 것이다. 그리고 이 같은 상태가 주기적으로 반복될 것이다. 나는 어떻게 해야 하는가? 죽는 날까지 이 물음에 대답하지 못할 것이다.

현재의 상태에 대항하기 위한 수단을 찾아야 한다. 문제는 그 수단이 진정한 해결책은 아니라는 점이다. 수단으로 목적을 달성할 수는 없다. 목적은 오직 목적에 의해서만 달성된다. 나는 그 사실을 알고 있으면서도 어리석은 선택을 되풀이한다.

앞으로도 나는 현재와 같은 상태에 머무를 테고, 그로 인해 고통을 호소하게 될 것이다. 책무를 다하는 수밖에 없다. 그리고 시간이 지연되기를 기다리는 수밖에 없다. 지금으로서는 아무것도 기대할 것이 없지만, 이 상태에 적응하는 수밖에 없다. 인내만으로 극복하기란 쉽지 않겠지만, 인내를 통해 견뎌내는 것은 가능하다.

그렇다면 나는 무엇을 해야 하는가. 나는 어떤 태도를 보여야 하는가. 앞으로도 계속 분개해야 하는가? 그렇다면 끝이다! 분개는 나 자신을 공격할 뿐이다. 그것을 뻔히 알면서 분개할 수는 없다. 나는 누구와 싸우려고 하는가? 나 자신인가? 그렇다면 항복하는 게 마땅하다.

모든 전투는 자신과 싸움이다. 내가 강해질수록 나는 더욱 치명적인 상처를 입는다. 내가 휘두른 칼이 결국 나의 머리를 자르고야 말 것이다. 어떻게 해야 나를 이길 수 있는가? 항복이다. 나의 항복은 적의 항복이며, 내 적은 바로 나의 의지다. 나의 마음이 진정으로 항복하지 않으면 안 된다.

자신이 증오스러울 땐 자는 것이 최고다

하루를 마치고 차분히 반성하는 시간을 갖는다. 지나간 하루를 돌아보며 반성하는 시간 속에서 얻어지는 감정은 나의 무능과 타인에 대한 분노. 결국, 또다시 우울해진다. 나의 한계에 분노하고 타인에 대한 원망으로 불쾌감이 치솟는다. 그 마음이 나를 어둠 속에 갇히게 한다.

모든 원인은 피로 때문이다. 삶에 지쳐버렸을 땐 냉정한 반성이 불가능하다. 억지로 반성하려고 하면 필연적으로 우울이라는 덫에 걸려버린다. 지쳤을 땐 반성하는 것조차 피곤하다. 지나간 일을 되돌아보는 것도 지겹고, 일기 같은 걸 쓰는 것도 괴롭다. 생활에 활기가 넘치거나, 즐겁게 활동하거나, 어떤 일에 흠뻑 빠져 집중할 때는 지나간 일을 뒤돌아보지도, 반성하지도, 앞으로 다시는 이런 실수를 하지 않겠다고 다짐하거나 계획을 세우지도 않는다.

반성하고 있다는 것은, 지나간 시간을 되돌아보고 있다는 것은, 자신을 한심스레 여기고 있으며, 타인을 증오하는 중이고, 영혼과 육신에 휴식이 필요하다는 신호다. 이럴 땐 그저 쉬는 게 최선이다.

반성은 자기혐오다. 자기 자신이 하찮게 느껴질 때 인간은 뭔가 반성할만한 건수가 없는지 두리번거린다. 뭘 해도 기운이 나지 않을 때 인간은 무턱대고 반성하며 자아를 성찰한다. 그럴 바에야 아무 생각 없이 잠자리에 드는 편이 낫다. 자신이 증오스러울 땐 자는 것이 최고다. 도박도, 기도도, 명상도 도움이 안 된다. 여행도 도움이 안 되고, 술을 먹어봐야 자기혐오만 짙어질 뿐이다. 잘 먹고, 잘 자고, 일찍 일어나는 것이 자기혐오를 극복하는 가장 좋은 해결책이다. 혐오스러운 오늘로부터 조금이라도 빨리 떠나는 것이 상책이다. 괴롭다면 평소보다 더 많이 먹고 평소보다 더 많이 자는 것 말고는 방법이 없다. 그리고 내일 아침 일찍, 새로운 시작을 펼쳐나가면 되는 것이다.

Schopenhauer

Arthur

'사유'를 통해 인간은 인간다워진다

행복이란 대체 무엇을 말하는가. 나는 행복을 활동 그 자체로 본다. 행복하다는 것은 내가 지금 잘살고 있다는 뜻이다. 그리고 내가 잘 산다고 느끼는 까닭은 뭔지는 모르겠지만 어쨌든 잘하고 있다는 반증이다. 요약하자면 행복은 '잘하고 있다'는 지속이다.

예를 들어 애벌레는 번데기가 되고, 번데기로서의 한 시기를 무사히 인고해 마침내 나비가 되어 날개를 펼치는 순간, 즉 애벌레 시절부터 꿈꿔온 자신의 온전한 형태에 이르게 되었다면 나비는 지금뿐만 아니라 인고의 절정이었던 번데기로서의 시기까지 '잘해온 것'으로 입증된다. 다시 말해 나비로 완성되어 형태의 궁극인 비상을 이뤄낸 바로 그 시점에서, 생명체로서의 모든 시기가 행복했던 것으로 입증된다는 뜻이다. 그 과정에서 고난을 겪고 실패하고, 생명이 위협받았던 것과 상관없이 그는 원했던 형태를 마침내 이뤄냈으므로 그의 모든 활동과 실존은 '행복'이다.

동일한 설명을 인간에게도 적용할 수 있다. 자신이 원했던 형상 내지는 상태를 획득하는 것을 두고 나는 성숙이라고 말하겠다. 그리고 행복은 성숙한 인간이 되는 모든 과정의 연속이다. 따라서 성숙한 인간이 되어가는 상태와 과정도 행복이다.

행복이 인간의 목표라고 한다면, 그 목표를 향해 나아가는 모든 순간은 이미 행복이다. 행복하기 위해서는 잘살아야 하는데, 잘사는 것은 특수한 기술이나 기능의 점진적 향상이 아니다. 잘산다는 말은 인간성이 원활히 발휘되고 있다는 뜻이다. 즉 인간성이야말로 인간 행복의 시작과 끝인 셈이다. 그렇다면 인간성이란 무엇인가, 라는 질문을 던지지 않을 수 없다.

인간성이란 인간다운 기능이다. 인간의 기능은 생식, 감각, 사유로 나뉜다. 생식은 식물도 하는 일이며, 감각은 동물에게도 있다. 하지만 사유는 오직 인간에게만 내재된 기능이다. 사유를 통해 인간은 인간다워지고, 사유를 인생의 본질로 삼았을 때 인간은 가장 인간다워진다. 따라서 행복은 사유다. 생각하며 사는 것이야말로 선한 삶이고, 삶을 생각하는 것이야말로 가장 행복한 순간이다.

인간의 불행 중 상당수는
혼자 있을 수 없어서 생기는 일이다

사교성이란 지성과 반비례한다. 그 사람이 매우 비사교적이라는 말을 듣고 있다면 그는 위대한 특성을 지닌 뛰어난 사람이라는 뜻이다. 지적으로 뛰어난 사람은 고독으로 두 가지 이점을 얻는다. 첫째는 자기 자신과 함께할 시간을 얻고, 둘째로는 타인과 함께하지 않을 자유를 얻는다. 교제에는 많은 강제와 고충, 위험이 따른다. 인간의 불행 중 상당수는 혼자 있을 수 없어서 생기는 일이다. 사교성은 도덕적으로 떨어지고 지적으로 우둔하거나 불합리한 사람과 접촉하게 만드는 성격이다. 위험하면서도 해롭다. 비사교적이라는 것은 사교가 필요하지 않을 만큼 많은 것을 지니고 있다는 뜻이므로 그 자체만으로 큰 행복이다. 인간이 겪는 모든 고뇌는 교제에서 비롯되기 때문이다.

건강 다음으로 행복의 가장 중요한 요소인 마음의 평정이 사교 때문에 위험해진다. 고독이 없었다면 인류는 지금까지 존재하지 못했을 것이다. 음식을 절제하면 몸이 건강해지듯 사람과의 만남을 자제하면 영혼이 건강해진다. 문제는 인간이 고독에서 태어나지 못했다는 것이다. 인간은 이 세상에 태어날 때 혼자가 아니었다. 부모가 있고 형제자매가 있고, 국가와 사회라는 공동체의 소유물로 탄생했다. 어쩌면 고독은 인간의 본성이 아니라 경험과 고뇌의 결과로 만들어진 관념일 수도 있다. 나와 다른 사람들과 교제해서 무엇을 얻겠는가. 사람들과 어울리려면 자신의 본성에 깃든 가장 저급하고 비열한 부분, 즉 일상적이고 비속하며 천박한 부분을 매개로 끄집어낼 수밖에 없다. 공동체는 말 그대로 공동의 가치관과 동질성이 있어야 하는데 모든 인간이 같은 수준에 도달하기 위해서는 그 집단의 정신 수준을 가장 어리석은 자에게 맞춰줄 수밖에 없는 것이다. 그러므로 사회성은 타인의 높은 수준에 맞춰 나를 끌어올리는 것이 아니라 타인의 가장 낮은 수준에 맞춰 나를 떨어뜨리는 행위가 된다. 공동체를 존속하는 가장 편리한 방법은 저급한 인격을 고상한 인격으로 교육하기보다는 고상한 인격이 저급한 인격을 흉내 내게 만드는 것이다.

고립과 고독은 아마도 이런 사회구성에 질려버린 인간의
영혼이 살기 위해 창안한 고급스러운 감정일지도 모른다.

나는 왜 다른 사람의 판단에
휘말리는 것일까?

다른 사람에게 받은 상처를 오래도록 기억하는 버릇이 있다. 그런 기억이 내게 아무런 도움이 되지 않는다는 것을 잘 알지만 상처받은 마음은 쉽사리 회복되지 않는다. 나쁜 기억들을 빨리 털어버렸으면 좋겠다. 나에 대한 다른 사람의 평가 때문에 상처받고 싶지 않다.

나는 왜 다른 사람의 판단에 휘말리는 것일까? 나에 대한 그들의 평가에 울고 웃는 것일까? 왜 그들의 눈웃음에 화가 나고, 그들의 존경 어린 시선에 우쭐해지는 것일까? 내 삶을 평가하고 재단할 권리가 내게 있음에도 나는 타인의 시선 속에서 행복을 느낀다. 내가 바라보는 나보다도 그들이 바라보는 나를 더욱 사랑한다.

그 이유에 대해 생각해봤다. 그리고 결론을 내렸다. 그 결론이 나를 부끄럽게 만들었다. 한마디로 나는 정직하지가 못했다. 내가 정직한 인간이었다면 나는 사람들 앞에서 겸손하게 행동했을 것이다. 그들이 나를 높게 평가하는 데에 두려워했을 것이고, 나를 비웃는 조롱에 감사했을 것이다. 하지만 나는 그렇게 하지 못했다. 작은 비판에 분노하고, 입에 발린 칭찬인 줄 알면서도 교만했다.

인간은 정직해져야 한다. 누구보다 자기 자신에게 정직해져야 한다. 지금 나는 본래의 내가 가진 능력보다 높은 평가를 받고 있다. 그 평가에 항상 감사하는 마음으로 생활해야 한다는 것을 명심해야 한다. 세상 사람들에게 칭찬받는 것은 즐겁고 기분 좋은 일이다. 그러나 더 중요한 것은 사람들로부터 사랑받는 것이다.

나를 감동시키는 단 하나의 기쁨도 사랑이다. 내 마음을 사로잡고, 나를 어린아이처럼 들뜨게 만드는 것은 사랑이다. 하루가 다르게 변화하는 시대의 문명 속에서도 나는 사랑을 기다린다. 노동을 사랑하고, 그 노동에 뒤따르는 고통을 사랑하고, 고통의 아픔을 사랑하고, 고통의 아픔이 전해주는 진실을 사랑한다.

사랑의 표현은 기다림이다. 기다림은 고통이다. 사랑은 그 고통을 기다리는 것이다. 기다리다 지쳐 거리를 헤매고,

Arthur

Schopenbauer

잠을 이루지 못하고, 황무지 같은 들판을 찾아가 자학하듯 울음을 터뜨리고, 스스로 양심을 무너뜨리고, 또다시 기다리는 것이다. 어떤 사람은 아픔이 있는 곳에 사랑이 있다고 말한다. 그렇다! 사랑은 고통과 기다림에 대한 인내다. 고통을 치르지 않은 사랑은 사랑이 아니다. 기다림이 없는 사랑은 사랑이 아니다. 내가 나를 기다리지 못한다는 것은, 내가 나의 고통을 두려워한다는 것은 내가 나를 사랑하지 못했다는 증거다. 그래서 나는 이 밤이 부끄럽다.

사람들의 무관심이 행복했던 시절도 있었다. 나 또한 다른 사람에게 무관심한 것이 당연하다고 생각했던 시절이 있었다. 내가 그들보다 많은 것을 알고 있으며, 더 좋은 곳에서 생활한다는 이유로 내가 그들보다 우월하다고 믿었던 때가 있었다.

남을 굽어보는 거드름으로 세상을 바라봤다. 그늘에 방치된 수많은 사람들의 눈물을 지저분하게 여겼다. 인간으로서 지녀야 할 소중한 미덕들을 버리고, 가식과 억지로 나를 꾸며왔다. 그것이 나를 절망으로 이끌고 있음을 알지 못했다.

그래서 나의 내면은 오늘도 투쟁이다. 인간적인 의지와 영적인 의지가 서로 칼날을 겨루고 있다. 선과 악을 명확히 구분하는 것과 선을 행하고 악을 버리는 것은 엄연히 다르다. 그동안 나는 선과 악을 구별하는 데 너무 오래 매달렸다. 나는 그것이 악임을 알면서도 행했고, 그것이 선임을 자각하면서도 눈을 감아버렸다.

인간의 의지는 스스로 좌절하지 않음을 하루에도 몇 번씩 체험했음에도 불구하고 언젠가는 나의 의지가 내 앞에 굴복할 것이라고 믿어 의심치 않았다. 나의 삶은 언제나 그런 식이었다.

비평가의 말처럼 나란 인간은 현대적인 감각과는 거리가 멀다. 첨단의 유행은 내 집에서는 물론이거니와 내 사고방식 속에서도 발견되지 않는다. 그렇다면 나도 모르게 현실로 도피하고자 하는 의식이 잠재되어 있었던 것일까? 그럴 가능성도 무시할 수는 없지만, 그 전에 어디서부터가 현실이며 어디서부터 과거인지 따져보고 싶은 충동을 느낀다.

과거시제와 현재시제를 가늠할 권한은 오직 내게 있다. 현재를 덧없이 지나간 과거로 정의할 권리가 내게 있으며, 과거를 오늘처럼 살아갈 권리가 내게 있다. 특히 그 시제가 정신적인 영역에 귀속된 시간이라면 과거와 현재, 미래를 나누는 것은 무의미해진다.

정신적인 영역에서는 오늘날 우리가 첨단이라고 믿었던 유행 사조가 촌스럽고 우스꽝스러울 수도 있다. 또 우리가 과거의 것이라며 진부하게 여겼던 사상이 시대를 초월하는 획기적인 관념이 될 수도 있다.

인간은 자신이 위치한 곳에서 시대를 초월해야 한다. 현재로 국한된 시제가 전부인 듯 착각하며 살아가기에는 인류가 이룩한 과거의 영광이 너무나 아름답다. 그것을 포기하기에는 우리의 인생이 짧다. 오늘 사랑받고 싶다면 오늘 사랑을 베풀어야 한다.

아파하고 싶지 않다면
아픔과 친해져야 한다

　사람과의 관계를 보다 원활하게 이끄는 힘은 지속적인
우정에서 나온다. 우정의 성격은 차분한 한결같음이다. 변한
다면 그것은 우정이 아니다. 들뜬다면 그 또한 우정은 아니
다. 변하는 것은 계산이며, 들뜨는 것은 사랑이다. 내 친구는
그곳에 있고, 난 이곳에 있다.

　내 친구가 그곳에서 할 일이 있듯이 나 또한 이곳에서 할
일이 있다는 마음의 여유와 가치관이 우정의 진리다. 그 같
은 마음의 여유와 가치관이 없는 우정은 언제 눈금이 달라질
지 모르는 저울이며, 흥분이 가라앉은 뒤에 찾아오는 배신감
이다.

　우리는 친절과 우정도 구분할 줄 알아야 한다. 친절이 그
의 인격에 대한 감탄이라면 우정은 친구의 영혼을 위한 헌신

Arthur

Schopenbauer

이다. 감탄은 그의 그림자를 발견하는 동시에 사라지지만 헌신은 그의 그림자를 바라봄으로써 더욱 애잔해진다. 친절이 상대방의 감사로 만족한다면 우정은 친구의 행복으로 만족한다.

우정은 두 개의 영혼을 지니고 있다. 우정을 가진 자는 두 개의 영혼을 가진 자다. 한 영혼이 쓰러지더라도 곁에 있는 또 다른 영혼이 그를 일으켜 세운다. 어떤 경우에도 둘이 함께 쓰러지는 법은 없다. 삶이 인간에게 우정을 선물한 까닭이다.

우정은 다른 어떤 감정보다 인간을 현명하게 만든다. 우정만이 인간과 사물의 실상을 보여주며, 인간다운 정당한 삶과 방법을 말해준다. 인생을 살아가는 가장 현명한 방법을 생각하기 전에 내가 무엇과 친해져야 하는지, 무엇을 사랑하고 있는지부터 확인해야 한다. 어떻게 살고 싶다는 소원보다는 내가 사랑하는 그것을 위해 살고 싶다는 바람이 인간에게는 더 크고 위대하게 느껴질 수 있기 때문이다.

우정은 겉으로 드러나는 고상한 만남이 되어서는 안 된다. 서로의 내면에 자극이 되고, 분발하려는 촉진제가 되어야 한다. 함께 진보하지 않는 우정은 나태와 방종이다.

내적인 진보는 강렬한 영혼의 동요로부터 시작된다. 우

정은 친구의 영혼을 깨우는 자명종이다. 그 역할에 충실하지 못한 우정은 자기 본위의 나르시시즘에 가깝다. 우리가 참다운 우정을 부러워하면서도 일상에서는 소모적인 만남을 반복하는 이유는 잠에서 깨어난 영혼을 두려워하기 때문이다. 긴 잠에서 깨어난 나의 영혼이 무지와 무감각과 게으름으로 얼룩진 나 자신을 보고 절망할까 봐 두려운 것이다.

인생이 당신에게 축복으로 남기를 소망한다면, 당신이 먼저 인생을 사랑해야 한다. 친해지고 싶다면 당신이 먼저 다가가서 마음을 보여줘야 한다. 아파하고 싶지 않다면 아픔과 친해져야 한다. 나를 사랑한다면 내 영혼이 바라는 나의 모습과 친해져야 한다.

우정을 우연에 맡겨서는 안 된다

한 가지라도 배울 점이 있는 친구를 사귀려고 노력해야한다. 친구와의 교제를 통해 그가 지닌 교양과 지식을 익혀자신의 것으로 만든다면, 이는 배움 중에서도 매우 높은 수준의 고찰과 경험이 될 것이다. 자신의 가치를 무의미하게만든 사람과 가까이해서는 안 된다. 그들은 우리 삶에 아무런 도움도 주지 못한다.

배울 점이 많은 친구를 사귀는 대신 감수해야 할 부분도있다. 장점이 많은 사람은 그만큼 매력적으로 보이고, 다른사람들의 존경과 애정이 집중된다. 그런 사람 곁에 머문다면어쩔 수 없이 사람들 시선에서 소외될 수밖에 없다. 달은 태양이 자리를 비웠을 때 별들 사이에서 빛난다. 하지만 태양이 다시 모습을 드러내면 그늘에 감춰져 보이지 않는다.

나보다 뛰어난 사람을 친구로 둔다는 것은 그의 그늘에 가려져야 한다는 의미이기도 하다. 그래서 사람들은 자기를 돋보이게 해주는 친구를 원한다.

우리는 친구에 의해 평가받기도 한다. 현명한 사람이 어리석은 친구를 의지하는 일은 없다. 함께 웃고 떠든다고 해서 그와 내가 진심 어린 우정을 나눴다고 말할 수도 없다. 그의 타고난 재능을 이해하고, 내 삶에서 그의 재능이 발휘될 수 있도록 장려하거나, 그의 재능을 내 것으로 만들려는 노력이 필요한데, 여전히 사람들은 웃고 떠들고 함께 식사하고 술을 나눠 마시는 정도로 좋은 친구를 곁에 뒀다고 자위한다.

세상에는 참된 우정과 그릇된 우정이 있다. 그릇된 우정의 목표는 쾌락이고, 참된 우정의 목표는 인생의 풍부한 결실, 다시 말해 성공을 기약하는 우정이다. 인격을 갖춘 친구의 선의의 비판이 우리를 선량한 길로 이끈다. 그의 충고는 부모, 스승, 정부의 법률보다 훨씬 고귀하고 강제적이다.

그러므로 우정을 우연에 맡겨서는 안 된다. 나를 사랑하는 친구는 나의 슬픔을 쫓아내고, 나로부터 웃음 짓기를 원하는 친구는 내게 슬픔을 가져온다. 한 가지 더 충고하자면 우정은 두 사람 중 한 명이 보다 부유해졌을 때 금이 간다.

우정에서 약한 모습을 보여서는 안 된다. 인간의 마음은 아주 쉽게 깨어지는 유리그릇이다. 인간의 감정을 구성하는 성분마다 결함이 있다는 것을 명심해야 한다. 인간에게는 기본적으로 끈기가 없으므로 호감은 언제든지 반감이 될 수 있음을 알아야 한다. 아무리 오래 사귄 친구이더라도 그의 마음은 나의 눈동자보다 더 약하다는 것을 알아야 한다. 그 연약한 마음을 건드려서는 안 된다. 그는 농담도 견디지 못하고, 진담도 견디지 못한다. 작은 불행도 참지 못하고, 나의 성공에도 감정이 상한다.

인간과의 교제는 극도의 주의가 필요한 매우 힘든 수행이다. 항상 그들의 연약한 마음을 신경 써야 하고, 표정도 수시로 살펴봐야 한다. 자기 신상에 조금만 불리한 일이 생겨도 그들은 불쾌감을 드러낸다. 인간은 감정의 노예다. 기분 내키는 대로 우정을 내팽개치기도 하고, 스스로 환상에 빠져 우정을 우상처럼 숭배하기도 한다.

좋은 친구를 찾는 법은 인간에 관한 판단이다. 이때 기준은 예의다. 예의가 바른 사람은 타인과의 의견이 대립될 때 타인의 입장을 고려해서 최대한 공정한 판단을 내리려고 노력한다. 그 같은 노력의 결과가 좋지 못하더라도 이런 시도가 우정을 형성하고 지속하는데 중요한 원동력이 된다. 예의가 바른 사람은 자기 생각이 옳은 것처럼 상대방의 생각도 그의 입장에서는 옳은 선택임을 인정할 줄 안다.

반대로 내면이 비천한 사람은 그가 스스로를 사랑하고 인정하듯 모든 사람이 자기를 사랑해주고 인정해 줘야 한다고 생각한다. 그런 자들과 싸우느니 예의 바른 사람에게 시비를 걸어 다투는 편이 낫다.

내면이 비천한 사람의 행동 특성은 야비함이다. 그들을 공정하게 대우해준다는 것은 그들의 먹잇감이 되는 행동이며, 그들이 우리에게 공평을 베풀리라고는 기대하지 말아야한다. 그들에게 우정은 의무가 아닌 편의이기 때문이다. 그들에게 충고는 한낱 시끄러운 말에 불과하다.

어려움을 함께할 친구를 구하라. 위험과 맞닥뜨렸을 때혼자가 아님을 감사하게 될 것이다. 사람들로부터 증오를 사게 되더라도 혼자 감당하지 않아도 된다.

인간은 언젠가 늙고 병든다. 오늘의 성공은 내일의 나와함께 해주지 않는다. 늙고 병들었을 때 나를 가장 먼저 시기하고, 비난하고, 함정에 몰아넣는 것은 오늘의 성공이다. 그때 나를 위로해줄 수 있는 사람은 가족이 아니다. 오직 친구뿐이다.

가족이 가족을 위로하는 것은 혈연이라는 숙명과도 같은관계 위에 정립된 의무다. 하지만 타인인 친구의 위로는 의

Arthur

Schopenbauer

무가 아닌 선택이며 희생이다. 그 숭고한 실천만이 훗날 비참해진 우리를 위로해준다.

불행을 혼자 감당하려는 것보다 무의미한 만용은 없다. 당신 곁에서 당신의 고통을 함께 짊어지고, 당신의 잘못에 대해 함께 용서를 구하려는 친구를 가져라. 가혹한 운명과 매정한 대중도 두 사람을 동시에 공격하지는 못한다. 성공과 행복뿐 아니라 불행과 절망도 함께 나눴을 때 그를 친구라고 부를 수 있다. 인생의 불행은 우리의 두 팔로 받들기에는 너무나 무겁다는 것을 명심해야 한다.

마지막으로 특별한 경우가 아니라면 친구에게 도움을 요청하지 않는다. 사소한 일에 친구의 호의를 이용하는 것은 우정이 아니다. 진짜 위기가 닥쳤을 때를 대비해 친구의 호의를 소중히 간직해둔다. 사소한 일에 친구의 호의를 남발한다면 친구의 호의는 점점 더 퇴색할 수밖에 없다.

죽음이 오기 전까지 최선을 다하고 싶다

나는 너를 사랑할 수 없다. 사랑하지 않는 것이 아니라 사랑할 수가 없다. 하지만 너에게 친절을 베푸는 것은 가능하다. 너를 증오하지 않고, 시기하지 않고, 너의 회한과 공포에 함께 울어주는 것은 가능하다. 너를 사랑할 수는 없지만 너를 동정할 수는 있다.

그렇다. 우리는 서로 보듬고 안아줄 수 있다. 인간은 서로 사랑할 수는 없지만, 아끼고 감싸줄 수는 있다. 그 친절에 감사할 수 있고, 내가 지쳐 쓰러졌을 때 누군가가 나를 안아줄 것이라는 믿음이 있다. 타인에게 비판을 당하는 것이 불쾌하다면 나부터 타인들에 대한 비판을 중단하는 것이 옳다. 시험 삼아 무엇이든 비판하고 싶어하는 나의 버릇을 잠시 중단해야겠다. 그리고 내 힘이 닿는 데까지 내가 아는 사람들에게 선행을 베풀어야겠다. 그들이 요구하든 요구하지 않든, 혹은 감사하든 귀찮아하든 내가 할 수 있는 일들을 도와줘야겠다.

오늘 하루에 그칠지라도 돈은 비천하고, 명예는 악하며, 질투는 멸망할 것이라고 생각해야겠다. 내일 아침 나의 기분이 어떻게 변할는지 알 수 없지만, 적어도 어제 아침처럼 각박하고, 숨 막히고, 불안해하지는 않을 것이다.

대부분의 사람은 일은 하기 싫지만 보상은 남보다 많기를 바란다. 은행에서 돈을 빌리고, 아는 사람 중에 출세한 인물이 있으면 어떻게든 그에게 붙어 사회적으로 높은 지위를 구걸하거나, 타인이 흘린 땀방울을 중간에 가로채거나, 최소한의 위험부담으로 최대의 성과를 내려고 한다. 좋게 말하면 행복해지기 위해서고, 나쁘게 말하면 강탈이 습관화된 결과라고 할 수 있다.

확실히 이 사회를 이끄는 덕목으로 수탈이 보편화되고 있다. 너나 할 것 없이 땀을 흘리지 않고 많은 것을 소유해야만 능력을 인정받는다고 생각한다. 그러나 실제로 땀 흘리지 않고 부를 축적하는 사람은 소수에 불과하다. 결과적으로 불로소득을 바라는 다수의 사람이 그 같은 삶의 자세로 인해 손해를 보고 있다는 뜻이다.

그런데도 이런 잘못된 폐단을 하루라도 빨리 깨달아 인격적인 가치를 증명하는 것이 인생의 덕목이라고 생각하려는 자는 극히 드물다.

인간은 일해야 한다. 자신에게 어울리는 노동에 뛰어들어야 한다. 노동은 인간에게 땀방울을 요구한다. 땀방울은 한 인간이 자기 자신의 의미에 대해 눈을 뜨게 만든다. 이것이 제대로 대접받지 못한다면 그 사회는 이미 죽어버린 사회다.

인생에서 가장 애처로운 시간은 먼 훗날, 관 속에 누울 날이 멀지 않았다는 것을 어렴풋이 깨닫게 되었을 때, 일생을 헛된 욕망을 좇느라 세월을 탕진했다는 것을 새삼 느끼고는 한 번 더 시간이 주어지기를 가만히 소망해보는 때다.

한 번만 더 동일한 시간의 삶이 주어진다면 보다 가치 있게 보낼 수 있을 텐데, 하고 후회할 때다. 이것이 오늘날 나와 그들의 운명이다. 교양과 계급을 막론하고, 부자와 가난뱅이에 상관없이, 이것이 오늘날 인간의 운명이다. 내가 진심으로 나의 생애를 사랑한다면 정해진 운명으로부터 멀어지도록 노력해야 할 것이다.

젊은 날의 희망도 산산이 깨어지고, 소년 시절의 꿈도 여름날의 오후처럼 찌들어버렸다. 잎의 죽음을 재촉하는 바람이 나를 향해 불어오고 있다. 그 바람이 어머니의 품처럼 따뜻하게 느껴질 때 나는 낙엽처럼 저물어갈 것이다.

하지만 그날이 오기 전까지 최선을 다하고 싶다. 낙엽처럼 힘없이 추락할 때 바람에 말하고 싶다. 나는 최선을 다했다고, 그러니 후회하지 않는다고. 너를 미워하지도 않는다고 말할 수 있기를 바란다.

정신적으로 성숙해지려면
마흔 살은 되어야 한다

어렸을 땐 인생행로에 중요하고 중대한 사건이나 인물들이 요란하게 등장할 거라고 믿었지만 실제로는 그런 사건이나 인물들은 모두 조용히 뒷문으로 거의 눈에 띄지 않을 정도로 슬쩍 들어왔다.

정신적으로 성숙해지려면 적어도 마흔 살은 되어야 한다. 정신적으로 아무리 평범한 인간이더라도 나이의 성숙과 경험의 결실만 있으면 인간으로서 과거의 자신보다 조금은 나아지기 시작한다. 자연스러운 본성에 의해 사람은 마흔 살이 넘어가면 사람을 싫어하는 성향으로 조금씩 바뀌기 시작한다. 산 너머 반대편 기슭에 있는 죽음은 산을 오를 때는 보이지 않는다.

청년기에 명랑하고 삶의 의욕에 차 있는 것은 부분적으

Arthur

Schopenbauer

로 그 때문이다. 하지만 산의 정상을 넘어서면 풍문으로만 들어왔던 죽음이 실제로 보이기 시작한다. 삶의 활기가 떨어지기 시작하고, 의욕도 감퇴해 젊은 날의 오만함이 물러가고 우울한 근엄의 지배를 받게 된다. 나이가 들수록 하루하루가 교수대로 한 발짝씩 끌려가는 범죄자가 된 듯한 기분에 휩싸인다.

인생을 살아갈수록 중요하지 않은 일이 점점 더 늘어난다. 중요하지 않은 일이 자꾸 끝없이 되풀이되면서 처음에는 중요했던 일들이 점차 중요하지 않게 변해간다. 시간이 흘러가지만, 흔적이 남지 않는다.

생명은 서른여섯 살까지는 시간의 이자로 살아가고, 서른여섯 이후부터는 시간 그 자체를 갉아먹으며 살아가는 것이다. 그래서 젊었을 땐 적자가 발생해도 미미해 보인다. 어차피 이자일 뿐이므로 지출이 과해도 걱정되지 않는다. 그러나 시간이 베푼 이자가 중단되고 원금을 사용하는 때가 오면 사라진 시간의 이자가 아쉽게 다가오는 것이다. 결국, 나이가 들수록 시간이라는 생명의 원금이 계속해서 빠져나간다. 사람이 나이가 들어 젊은 시절보다 더욱 욕심을 내는 것은 시간을 상실했다는, 생명이라는 원금이 얼마 안 남았다는 불안감 때문이다.

'사람들이 원하는 나'로 평생을 살 수는 없다

인간의 자질 중 가장 필요한 한 가지를 꼽아보라면 성실을 택하겠다. 성실함의 미덕은 내게 부족한 다른 자질들을 보충하는 것이 가능하다는 데 있다. 그러나 성실이 부족한 사람은 천부적인 재능을 타고나도 그 재능을 꽃피우지 못한다. 성실은 어떤 능력으로도 보완할 수 없는 가장 중요한 자질이다.

유감스럽게도 성실한 인간을 찾아보기 힘들다. 성실이 무엇이지 확인하고 싶다면 동물에게 달려가야 한다. 인간은 성실에 대해 더 이상 말할 자격이 없다. 다른 자질은 몰라도 성실에 대해서만큼은 동물에게 다시 배워야 하는 처지에 놓였다. 만약 진화론이 성실이라는 내적 본능을 동물학상의 특성으로 밝혀놓았다면 나는 누구보다 철저한 진화론자가 되

Schopenbauer

Arthur

었을 것이다.

성실함과 비슷한 처지로 인간에게 버림받은 또 다른 덕목은 감사다. 인간만의 고유한 덕목이라고 확신했던 감사도 지금은 동물들에게나 기대할 수 있게 되었다. 인간은 이미 감사의 특성을 상실했다. 그래서 나는 다른 사람에게 감사를 구하지 않게 되었다. 누군가로부터 감사하다는 말을 듣는 것이 괴롭기만 하다. 감사하다는 말과 행동이 배은망덕한 행위로까지 여겨진다.

내가 생각하는 가장 배은망덕한 행위는 친구로부터 은혜를 입게 되었을 때 이에 대해 보답을 해야겠다면서 상대방을 방문하거나 선물을 전달하려는 것이다. 사람들은 이렇게 함으로써 그에게 받은 은혜의 부채로부터 해방되었다고 생각한다.

그러나 감사는 의무가 아니다. 그것은 진정이다. 진정으로 그에게 고마워하고, 또한 그에게 받은 은혜에 보답하는 의미로 다른 사람들을 위해 나를 희생시키는 것이 감사의 본질이다. 그런데 지금은 들을수록 기분 나쁜 예의 바른 인사말과 형식적인 선물들이 감사를 대신하고 있다. 언제부턴가 마음은 사라지고 죽은 단어들만이 맴돌고 있다.

이렇듯 값싼 지불에 기분이 상하느니 차라리 빌려주고

받지 않는 편이 나을 것 같다. 이 모든 것이 허영이라는 의지에서 비롯되었으며, 허영을 방어하는 최선의 수단은 허영을 경멸하는 것, 즉 교만이다. 그런데 교만은 허영보다 더 위험하다. 인간이 교만에서 벗어나기 위해서는 겸손해져야 한다. 문제는 한번 교만해진 인간은 웬만한 존재 앞에서는 고개를 숙이려고 하지 않는다는 점이다.

현실에서 내가 다른 사람을 칭찬하는 이유는 그에게 칭찬을 듣고 싶어서다. 내가 그를 경멸하는 이유는 그가 나보다 훌륭하다고 생각되기 때문이다. 그의 얼굴에 침을 뱉고 머리를 쥐어뜯기라도 해야 그의 면전에서 내가 수치를 당하지 않게 된다고 생각하는 것이다.

나의 이 같은 조급함과 달리 확고한 자의식을 갖춘 사람들은 타인의 칭찬이나, 재촉, 경멸 따위에 신경 쓰지 않는다. 그가 내게 무슨 말을 하든 상처받지 않고 타인에게 상처를 줄 말도 생각나지 않는다. 그런 점에서 봤을 때 자의식이야말로 타인과의 관계를 원만하게 이끌어나가는 힘이라고 정의할 수 있을 것이다.

우리가 인간 상호 간의 관계 맺기에 서투른 까닭은 상대방을 배려하지 않거나, 심술을 부리거나, 교만하거나, 질투하기 때문만은 아니다. 우리가 상대방을 배려하지 않고 내 고집만 부리는 원인은, 나보다 훌륭한 사람을 만났을 때 그를 시기하고 어떻게든 깎아 내리려고 고집을 피우는 원인은, 자의식이 없기 때문이다.

상대방의 시선으로 나를 보기 때문이다. 내가 상대방의 입장이 되어 나를 판단하기 때문이다. 자의식이 결여되었다는 것은 나와 나의 관계가 온전히 성립되지 못했다는 뜻이다. 나와 나의 관계도 온전하지 못하면서 다른 사람과의 관계가 온전해지기를 바란다는 것은 욕심이며, 허영이며, 교만이다.

사람들이 원하는 나로 평생을 살 수는 없다. 사람들의 눈높이에 나를 맞추려는 데서 모든 불행이 시작된다. 나는 어쩔 수 없이 나다. 내가 나를 부끄러워하지 않는다면 사람들도 나를 부끄러워하지 않게 될 것이다.

3부

Arthur Schopenhauer

왜 주님이라는 자는
항상 분노하고 계시는가

나를 무섭게 만드는 진리가 하나 있다. 인간은 '그 어떤 표상에 대해서도 권리를 지니고 있지 않다'라는 명제다. 다시 말해 인간은 축복이 아닌 저주 속에서 태어났다는 이 부정할 수 없는 사태다.

그가 나에게 호의를 보인다고 해서 내가 그를 의존할 수는 없다. "좋아하는 것을 하라. 하지만 내 동의는 기대하지 말라!"는 거절을 곳곳에서 듣게 된다. 왜 주님이라는 자는 항상 분노하고 계시는가. 왜 그는 나를 멸망시키려고 하는가. 왜 나는 지옥으로 떨어져야 하는가⋯.

그러나 이것은 아직 '표상'이 아니다. 나의 심연은 아직 지옥에 도착하지 않았다. 지옥에 떨어져야 한다면 두려움이라도 빨리 사라져주기를 바란다. 지옥은 두려움의 대상이 되어서는 안 된다. 그것은 결말이기 때문이다. 지옥이란 도대체 무엇인가. 왜 인간은 지옥을 두려워하는가. 내가 생각하는 지옥과 지옥의 실체는 어떻게 다른가. 지옥의 형상을 무엇에 비유해야 하는가.

내가 말하고자 하는 것은 우리가 지옥이라 부르는 그곳이 지옥은 아니라는 것이다. 우리가 말하는 지옥은 '지옥의 예감'이다. 우리는 단지 지옥을 예감하는 것뿐이다. 그 안에서 어떤 일이 일어날지를 상상해 보는 것이 고작이다.

우리는 지옥의 실체를 모르기 때문에 무서운 곳이라고 두려워하게 되었다. 모든 희망이 단절되었다는 오해, 구원으로부터 버림받았다는 사실이 지옥을 두려운 곳으로 만들었다. 하지만 처음부터 희망은 없고, 구원도 존재하지 않았다는 자명한 진리를 깨달은 자라면 지옥을 두려워하지 않는다.

견뎌내야만 한다. 왜냐하면, 너의 모든 지성, 너의 모든 사고의 능력이 너를 구원해내지는 못하기 때문이다. 너는 다른 자들과 마찬가지로 너를 상실하게 된다. 너의 삶은 머잖아 무너지게 된다. 너의 소유라고 믿었던 인생과 함께 너도 무너지게 된다. 너는 심연을 바라보고 있다. 부들부들 떨면서 심연을 바라보고 있다. 너는 분명 두려워하고 있다. 네게 필요한 것은 빛이다.

그러나 지금 이곳에는 빛이 없다. 그 때문에 너는 두려워하고 있다. 단 몇 분간 숨을 쉬지 못한 것만으로도 너는 죽음에 도달한다. 죽음은 그처럼 하찮은 현상이다. 고작 그런 이유로 죽을 수 있다는 것이 우습지 않은가? 너의 자존심이 부끄럽지 않은가? 너에 대한 망상과 허영들이 증오스럽지 않은가?

이런 것들은 너를 지탱해주지 못한다. 단 몇 분간 숨을 쉬지 못하면 너는 죽는다. 그것이 너의 실체다. 너에게는 그 몇 분이 지옥처럼 느껴질 것이다. 아니, 지옥에서의 고통이 이와 같으리라고 생각될 것이다.

너에게는 아무것도 없다. 또 아무것도 가질 수 없다. 가질 수 없음을 두려워해서는 안 된다. 가질 수 없다는 진실을 망각해서도 안 된다. 그렇게 적당히 살아가는 것이다. 몇 분 만에 삶과 죽음으로 나뉘는 이 운명을 그냥 받아들이라는 것이다.

잘못된 독서는
나쁜 친구와 어울리는 것보다 나쁘다

잘못된 독서는 나쁜 친구와 어울리는 것보다 더 나쁘다. 인간의 머리는 실제 생활에서 경험한 것보다 상상 속에서 대면한 장면들에 더 큰 매력을 느낀다. 인간의 지성은 한계가 있다. 지성의 한계는 공상의 산물을 현실과 착각한다는 점이다.

인간은 외부 환경에 대해서는 어느 정도 판단이 가능하지만, 내부에서 들끓는 가설에 대해서는 그 주체가 자기 자신이었다는 이유로 무조건 미화시킨다.

거리에서라도 마주치는 일이 없기를 바라게 만드는 사악한 무리들에 대해서는 다들 경계를 늦추지 않는다. 그러나 말초적인 오감을 자극하는 신문이나 소설, 연극 등은 아무도 경계하지 않는다. 자녀가 이런 문란한 작품들에 익숙하다는 것을 꽤나 큰 자랑거리로 여기는 집안이 있을 정도다.

한 권의 책이 때로는 한 인간의 삶을 불행하게 만들 수도 있다는 것을 왜 모를까? 한 권의 책으로 말미암아 불행해진 한 사람 때문에 이 사회가 불행해질 수도 있다는 것을 왜 모를까?

인간의 삶에는 이성으로 판단할 수 없는 신비스러운 힘이 깃들여있다. 위대한 선각자들의 전기를 읽어볼 기회가 있을 때마다 나는 혼자 그런 생각에 사로잡힌다. 몇 줄의 문장과 인생의 단면들에 대한 소개로 한 인간의 삶을 온전히 재현했다고는 말할 수 없을 것이다.

과연 자신의 체험을 있는 그대로, 마음의 동요까지 정확하게 포착해서 제 3자에게 이해시킬 수 있는 능력을 갖춘 문장가가 존재했는지 의문이다. 나 또한 그런 경지를 소원해보지만 어떻게 해야 하는지는 전혀 모른다.

딱 한 번 내 마음속에서 그것이 이루어진 적이 있다. 아마도 꿈을 꾸고 있었던 것 같은데, 내 영혼이 책상 앞에 앉아 글을 쓰면 모든 것이 현실이 되곤 했다. 어떤 설명을 듣거나, 사전을 뒤적거릴 필요 없이 꿈속에 나타난 풍경들이 나의 글임을 이해할 수가 있었다. 하지만 잠에서 깨어났을 때는 말 그대로 꿈이었다. 허공 속에 묻혀버린 신기루였다.

어느 유명 작가가 이런 말을 했다. "가장 중요한 것은 스스로 올바르다고 생각되는 그 길을 걷는 것이다. 글은 그 길의 이정표에 불과하다.”라고.

나는 이렇게 말하고 싶다. “글은 영혼을 현실로 끌어내린 것이다, 현실 속에서 일어난 영혼의 착각이 곧 글이다”라고.

가끔은 책들로부터 멀어질 필요가 있다. 잠시 내가 알고 있는, 내 머릿속에 강제로 저장시킨 지식에게 자유를 허락할 필요가 있다. 나의 육신이 휴식을 취할 때 내 영혼은 생기를 얻는다. 내가 육신에서 벗어났을 때, 나의 영혼은 현실의 착각 속에서 깨어난다.

순결한 영혼 없이 순결한 글은 나오지 않는다. 신앙이 영혼을 순결하게 보듬는 것은 사실이지만 간혹 신앙의 자극으로부터 영혼을 보살펴야 할 때도 있다. 독서는 인간의 행동 양식 중 가장 아름다운 행위이지만 자기 내면에 숨겨진 감정을 표현하지 않는다면 진정한 독서라고 할 수 없다.

독서는 나를 표현하기 위한 일종의 자극이다. 자극만 받고 이를 표출하지 않는다면 언젠가는 그 자극에 무뎌진다. 이는 독서의 폐해라고 할 수 있다. 실제로 내 주변에는 책을 너무 많이 읽는 바람에 자기 자신을 잃어버린 사람이 있다.

책은 막강한 힘을 가진 권력자다. 기독교의 신조차 성경이라는 책의 구조를 빌어 말씀을 보관하실 정도다. 그런 책을 사람이 이길 수는 없다. 게으른 성직자들은 성경만 볼 뿐,

Arthur

Schopenbauer

성경에서 받은 자극을 표출하지 않는다. 그래서 육신을 잃고 껍데기만 남은 채 교리에 갇혀 지내는 신세가 된 것이다.

진실만을 이야기한다는 것은 쉬운 일이 아니다. 진지하게 노력해도 인간의 입술에서 진실만이 흘러나온다는 것은 불가능에 가깝다. 거짓의 관습은 벌써 오래전부터 나의 삶을 지배해왔다. 혼자만의 독백과 잠자리에서의 짧은 기도마저도 거짓이 지배하고 있다. 나의 은밀한 곳까지 거짓이 강물처럼 범람하고 있다.

왜 그런지는 모르겠지만 나는 다른 사람의 거짓말을 금방 눈치채는 편이다. 그의 눈짓, 잔뜩 주름진 이마, 필요 이상으로 심각한 표정과 쉴 새 없이 반복되는 손짓에서 나는 그가 거짓말을 하고 있음을 알아차린다. 문제는 그 거짓말이 내 마음에 들었을 경우, 다시 말해 그가 진실을 왜곡해서라도 내 마음을 흡족하게 만들고 싶어 한다는 것을 알게 되었을 때, 나도 모르게 그의 거짓말을 진실로 인정해버린다는 점이다.

어떤 사람들은 도시의 화려한 야경을 가리키며, "이것이야말로 우리 시대가 만든 진리입니다"라고 당당하게 말한다. 그러나 삭막한 도시의 한 귀퉁이에 의지할 처소를 마련한 내 눈에는 이 아름다운 야경이야말로 투쟁과 거짓과 속임수의 상징일 뿐이다. 거리의 전등이 꺼지고 새벽이 찾아오면 도시는 베일을 벗고 그 본질을 드러낸다.

도시의 본질은 고된 삶을 외면하는 것이며, 정직하고 올바르게 살아가려는 사람들을 의식적으로 조롱하고 경멸하는 것이다. 인간의 손으로 쌓아 올린 도시가 인간을 배타하고 있다. 그 모습이 화려하게 포장되어있는 것은 눈속임에 불과하다. 나는 이 도시를 진리로 착각할 수가 없다. 이 도시가 내게 강요하는 것들을 따라갈 수가 없다.

인류의 역사가 시작된 이래 지금까지 수많은 과학적 발견과 철학이 등장했다. 그러나 인간의 지성이 이룩한 결과물 중 오류로부터 자유로운 관념은 없었다. 이들 관념을 우리는 한때나마 진리로 확신했던 적이 있었다. 하지만 숨길 수 없는 오류가 발견되면서 진리는 연구실의 실험 결과가 되었고, 진리는 개인적 차원의 사상이 되었다.

진리를 구하려는 자는 자신이 진리의 좌표임을 명심해야 한다. 진리를 만들어낸 주인공으로 역사에 기록되는 것을 기대해서는 안 된다. 그리스도는 자신을 '길'이라고 표현했다. 진리는 한 사람에 의해 만들어지고 창조되지 않는다. 길과 길이 이어져 전 인류가 도달하는 동산이다. 그것을 잊지 말아야 한다.

Arthur

Schopenbauer

권태는 언제나 우리 등 뒤에 서 있다

생존이라는 고뇌를 더욱 무겁게, 불편하게 만드는 것은 시간이다. 우리의 삶은 시간에 쫓겨다니는 사냥감이다. 잠시의 숨 돌릴 틈도 없다. 우리의 삶은 시간이라는 감옥에 갇힌 죄수다. 간수는 채찍과 몽둥이를 들고 창살 밖에서 우리를 감시한다. 간수의 정체는 권태다.

권태는 언제나 우리 등 뒤에 서 있다. 간수의 채찍질에 우리 몸은 만신창이가 되기 일쑤다. 지루함, 무기력, 사라진 의욕으로 죄수는 석방에 대한 꿈조차 잃어버리고 만다.

육체가 지구라는 행성에서 목숨을 연명하려면 대기의 압력이 필수다. 육체에 부여되는 압력이 육체의 두 발이 대지에서 떨어지지 않도록 붙잡아준다. 그렇다면 일상생활에서 그 같은 압력이 느껴지는가? 아니다. 우리는 대기의 압력을 전혀 의식하지 못한다. 피부의 감각은 대기가 자신을 짓누르고 있음을 의식하지 못한다.

시간이 지구라면 성공에 대한 부담, 승리에 대한 압박, 실패에 대한 두려움은 대기의 압력이다. 중압감이 사라진 인생은 대기압이 사라진 지구에서 저 멀리 우주로 날아가는 허망한 육신이다. 배가 물 위에 뜨기 위해서는 무게가 필요하듯 사람이 사람답게 살 죄의식, 고뇌, 가난은 우리에게 주어진 시간의 본질이다.

물리학자는 해와 달의 운동이 시간이라고 정의했지만, 그것은 눈에 보이는 표피적인 관찰에 지나지 않는다. 우리의 삶, 즉 시간은 고통이다. 시간은 인간에게 성장을 보여줌으로써 부조리를 강요하고, 사랑을 느끼게 함으로써 실연을 당하게 만든다. 그리고 궁극적으로는 죽음이라는 영원불멸의 고뇌를 두려워하게 만든다. 그 두려움은 모태에서 빠져나온 그 날부터 계속된다. 이것이 우리의 운명이며, 시간의 본질이다.

그런데 만일 인간의 무지한 소원이 이루어져 영원한 시간이 주어지고, 모두가 부유해지고, 늙지 않고, 사랑하게 되고, 병들지 않는다면 어떻게 될까. 인류의 모든 구성원이 행복의 절정을 맛보게 될 것이다. 그 다음은 어떻게 될까. 인간의 모든 소원이 이루어진 후에는 어떻게 되냐는 것이다. 권태뿐이다.

인생은 여백만 남게 된다. 어제를 추억하고, 오늘을 살아가고, 내일을 기대해도 떠오르는 것은 거대한 백지다. 하고 싶은 일도 없고, 그리운 사람도, 만나고 싶은 사람도 없다. 축제가 기다려지지도 않는다. 희열도 없다. 만끽도 없다. 배부름도 없고, 포근함도 없다. 이 모든 상황이 그저 지겨울 뿐이다.

인류의 소원이 이루어진 곳이 한 군데 있다. 바로 천국이다. 천국에서는 일하지 않고도 배불리 먹을 수 있으며, 잠들지 않아도 피곤하지 않고, 미움도 없고, 다툼도 없고, 시기 질투도 없고, 그래서 베풂도 없고, 구제도 없고, 봉사도 없고, 친절도 없고, 나눔도 없다. 돌보지 않아도 꽃이 피고, 물을 주지 않아도 나뭇잎이 푸르고, 모이를 주지 않아도 새들이 지저귄다. 눈길이 마주치는 사람마다 나를 사랑하게 되고, 내 눈에 띄는 사람마다 모두 사랑하게 된다. 그다음은 어떻게 될까. 권태다.

그렇다면 권태로운 인간은 행복한가? 그렇지 않다. 천국이 지옥으로 바뀌는 순간이다. 권태라는 간수가 내 등 뒤를 노려보는 감옥이 되는 것이다. 천국에서 권태라는 간수를 만난 인간은 자신이 죄수임을 깨닫게 될 것이다. 그리고 죄수답게 다툼과 분쟁을 일삼게 되고, 급기야는 죄의 끝, 즉 살인을 저지르게 된다. 거룩한 천국의 토지를 피로 적시게 될 것이다.

나는 천국에서 권태를 깨달아 다시 인간으로 돌아오느니 지금 사는 이곳에서 고난을 받고 싶다. 고통에 몸부림치고 싶다. 가난과 굶주림에 지쳐 먹고 살 궁리에 연연하고 싶다. 인류에게는 고뇌로 가득한 세계, 대기의 압력이 죽을 때까지 가해지는 세계가 필요하다. 인간의 본성 자체가 그런 세계에 적응할 수 있도록 만들어졌다. 그 밖에 무대는 인간에게 어울리지 않는다.

어린 시절에는 인간으로서의 운명을 알지 못했다. 그래서 무대 앞에 앉아 연극이 시작되기를 기다리는 초조와 흥분으로 항상 들떠 있었다. 인생이라는 무대 위에 내가 소원했던 연극이 펼쳐지기를 고대했다. 그리고 극장 밖으로 나가면 무대에서 펼쳐진 연극이 내 삶에서 고스란히 재연될 것이라고 믿어 의심치 않았다.

그렇게 즐거운 마음으로 사춘기를 맞고, 청년이 되고, 어른이 되고, 나이가 들었다. 이제는 내가 생각했던 행복이 어떤 것이었는지도 모르겠다. 어렸을 때 봤던 연극의 줄거리도 모두 잊었다. 어렴풋이 떠오르는 기억은 그날 본 광경이

재판이었다는 것이다. 그날 내가 본 연극은 앞으로 일어날 생의 선고였다. 아이들은 그 판결이 어떤 의미인지를 이해하지 못했다. 그저 좋은 구경을 했다는 만족감으로 집에 돌아갔다.

그러나 무대 위에는 시간이 흐르고 있었고, 시간은 어린 소년들 앞에서 이런 대사를 중얼거렸다. "오늘은 정말 힘들었을 거야. 하지만 내일은 더 힘들겠지. 살다 보면 점점 더 괴로워질 거다. 네가 마지막으로 세상을 떠나는 날까지 고통은 점점 더 심해질 거야." 어린 소년들은 즐거운 마음으로 시간의 판결이 이루어지기를 소망했다. 오래도록 살면서 시간이 낭독한 판결문이 자신의 삶 속에서 이루어져 가는 광경을 지켜보고자 어른이 되어갔다.

소유는 만족이 아니라,
의무의 시작이다

내가 그것을 사랑하기 전에 먼저 나 자신에게 물어봐야 한다. 나는 그것을 사랑할 자격이 있는가? 사랑한다는 대답이 그것을 소유할 자격이 될 수 있는가? 먼저 그 질문에 솔직히 대답할 수 있어야 한다. 은총이 기적처럼 내게 그것을 허락할지라도 내가 그것을 누릴만한 자격이 되는지 확신할 수 있어야 한다. 그것을 소유함으로써 내 삶이 부끄러워진다면 나는 그것을 움켜쥐지 않겠다. 이것은 자연의 순리다. 자연은 가치가 있는 것들에게만 가치를 부여한다.

소유는 만족을 위함이 아니다. 소유는 의무의 시작이다. 내가 뭔가를 가졌다는 것은 내게 어떤 의무가 주어졌다는 신호다. 많은 것을 가질수록 나는 많은 의무로부터 괴로움을 겪어야 한다. 신을 향한 믿음이 존재한다는 것을 인정하는 그 순간, 신의 뜻대로 살아야 할 의무가 주어지는 것처럼 말이다.

우리는 어머니의 고통과 함께 세상에 태어났다. 우리의 생명은 한 여인에게는 죽음을 떠올릴 정도로 고통스러웠다. 그것을 알게 된 후에도 우리는 어머니에게 감사하지 않는다. 아주 당연하다는 듯 뻔뻔스러운 얼굴로 어머니의 눈가에 맺힌 이슬을 냉소한다. 우리는 태어남과 동시에 이기주의를 배웠다.

우리가 살고 있는 이곳을 천국으로 만드는 방법이 하나 있다. 아무것도 욕심내지 않는 것이다. 나 자신은 물론이고 다른 사람에게도 뭔가를 요구하지 않는 것이다. 모르긴 해도 다가올 천국은 이런 모습일 것이다. 이성적으로 생각해봐도 욕망으로 가득 찬 인간이 천국에서의 생활에 만족한다는 것은 불가능하다.

그러니 인제 와서 뒤를 돌아볼 필요가 없다. 언제나 앞만 바라보라. 언제 닥칠지 모르는 최후의 순간에 육신의 생명을 뛰어넘어 저 높은 곳을 향해 달려가게 된다는 것을 믿어라. 내 뒤에는 그림자뿐이다. 그곳에는 내가 아쉬워해야 할 그 무엇도 없다.

과거의 실패를 기억하는 것과 과거의 실패에 얽매이는

것은 별개의 문제다. 나는 상처를 기억하고 싶다. 하지만 그 상처에 언제까지나 아파하고 싶지는 않다. 한 인간의 영혼이 자기 자신의 실체에 대해 좀 더 객관적인 눈으로 바라보고 싶다는 생각을 하게 되었을 때, 그의 영혼은 다음과 같은 성장 과정을 경험하게 된다.

첫째, 세속적인 것들에 불만을 느끼기 시작한다. 자신이 존재하는 이유가 세속적인 욕망이 추구하는 결과물에 한정되어 있다는 것을 생각할 때마다 가슴이 시리고 아프다. 그런 아픔에 익숙해질수록 명예나 재물, 권력 같은 세상의 덕목들이 하찮고 우습게만 보인다. 그리고 뭔가 색다른, 그동안 잊고 살아왔던, 혹은 현재의 나를 가능케 한 어떤 존재를 내 안에서 발견하고 싶다는 충동에 휩싸인다.

둘째, 내 안에서 꿈틀거리던 막연한 존재가 신이었음을 확신하게 된다. 자연스레 나의 욕망이 아닌 신의 욕망을 고민하게 된다. 그와 동시에 살아가는 동안 내가 해야 할 일들과 해서는 안 될 일들에 대한 기준이 생긴다. 또 나만을 사랑하고 아껴왔던 가식적인 굴레에서 벗어나 타인을 염려하는 마음을 갖게 된다. 그 결과 난생 처음으로 해방과 자유를 맛본다.

나와 세계라는 단순구조에서 우리 모두와 세계라는 복합

구조로 새롭게 정립되었기에 가능한 자유다. 즉 내가 얻지 못하더라도, 내가 그것을 해내지 못하더라도, 내가 좌절하고 상처를 받더라도 예전처럼 슬퍼하거나 의기소침해하지 않는 다. 왜냐하면, 세계는 나만 홀로 존재하는 곳이 아니라 우리 가 모두 함께 공존하는 곳이기 때문이다. 이 세계는 나의 의 지다. 신의 의지가 곧 나의 의지다.

나의 의지를 신의 의지와 동일하게 여겼을 때 인간은 비 로소 참된 존재로 거듭나게 된다. 인간의 의지로 나를 드러 내는 것만으로는 부족하다. 그 의지가 신의 의지로 여겨져야 한다. 그래야만 인간은 불안을 떨쳐낼 수 있다. 신의 의지인 내게는 걱정도, 불안도 없다. 이와 달리 인간의 굴레를 벗어 나지 못한 의지는 인생의 방주가 될 수 없으며, 살아가는 내 내 불안과 고통은 필연처럼 다가온다.

우리에게는 두 가지 길이 있다. 인생에 대한 극복과 인생 에 대한 굴복이다. 숨 쉬는 모든 존재에게 길은 이 두 가지뿐 이다.

나보다 비참한 자들이
나를 행복하게 해준다

강물은 바위 같은 장애물에 부딪히지 않는 한, 바다가 나타날 때까지 조용히 흐른다. 인간과 동물의 수명은 강물과 같아서 살고자 하는 의지는 장애물이 나타나지 않는 한, 살아있다는 의식조차 갖추지 못하는 습성이 있다. 내가 어디로 가고 있는지, 무엇이 되고자 하는지를 본인 스스로 의식하지 못한다는 뜻이다. 그냥 무상한 세월만 흘러가는 것이다. 그런 인간이 내면에서, 혹은 정신적으로(영혼이라고 말해도 좋다) '의지'를 깨달을 때가 있다. 살고자 하는 의지가 외부, 또는 내부의 어떤 대상과 충돌하여 파열음을 발생시켰을 때다. 이를 구속이라고 한다. 의지를 구속하는 어떤 충돌이 발생했을 때 의지는 비로소 우리 앞에 모습을 나타낸다.

다시 말해 우리는 의지를 가로막는 어떤 존재, 우리를 구

Arthur

Schopenbauer

속하는 어떤 상황, 현재 모습에서 일탈하고자 하는 욕망, 절대자를 향한 반항에서 '의지'를 확인한다는 뜻이기도 하다. 살아있음을 후회하게 만드는 그릇된 현실과 나를 고통스럽게 만드는 대상의 출현에서 우리가 '살고자 하는 의지'를 확인하게 된다는 모순이다.

건강한 사람은 자신이 건강하다는 것을 체감하지 못한다. 그러나 길가의 돌부리에 발가락이 채여 고통이 밀려올 때면 돌부리에 채기 전까지 자신의 발에 이상이 없었음을 인식하게 된다. 장사도 이와 비슷해서 뜻대로 돈을 벌어 흥청망청할 때는 동전 몇 개는 잔돈푼으로 거지에게 적선도 하지만, 사업이 망하고 빚에 쪼들리는 처지가 되면 길가에 떨어진 동전 몇 닢이 하루를 살아가는 희망이 되는 것이다.

말하자면 평온한 일상, 안락한 행복은 삶에서 그 비중이 극히 작다. 소극적인 삶의 형태이며 인생에 미치는 영향 또한 매우 소규모다. 반면에 절망과 고뇌는 삶을 적극적으로 변모시킨다. 매일 똑같이 반복되는 하루하루가 분초의 고민과 고통으로 심장을 쥐어짠다.

고통과 고뇌에서 벗어나기 위해 인간은 자신을 이렇게 만든 세상을 사유하고, 자신이 살아온 길을 더듬게 된다. 눈길조차 보내지 않던 길가의 돌멩이가 나의 엄지발가락을 저리게 만들고, 발을 절뚝거리게 만들고, 가던 길을 멈추게 하고, 결국 약속에 늦게 만드는 특별한 대상으로 부각되는 것이다.

내가 형이상학(形而上學)을 증오하는 이유는 형이상학적 학설이 인간에게 피해를 미치고, 인간을 괴롭게 만드는 대상을 무시하고, 피해의식, 또는 고통이라는 인간의 부차적인 감정을 중시하기 때문이다. 인간의 감정에서 궁극적인 해답을 찾아내려고 하기 때문이다. 하지만 인간의 고통은 돌부리에 채였기 때문이고, 사업이 망해서 돈이 없기 때문이다. 즉 구체적인 대상이 존재하고 있다.

인간은 발이 아파서 돌멩이를 쳐다본 게 아니고 배가 고파서 떨어진 동전을 주운 게 아니다. 인간의 삶에는 인간만큼이나 궁극적인 의미를 지닌 대상이 포진하고 있다. 그리고 이 대상에 의해 인간은 더 적극적으로 살고자 하는 의지를 드러내기도 하고, 반대로 소극적인 태도로 세월만 허비하기도 한다.

즐거움, 행복, 만족은 소극적인 감정이다. 이런 감정에는 대상이 없기 때문이다. 대상이 없다기보다는 대상보다도 현재의 감정이 더욱 중요하기 때문이다. 하지만 고통에는 대상이 따른다. 절망에도 대상이 따른다. 고뇌에도 이유가 있다.

Schopenbauer

Arthur

다시 말해 '대상'이 있다.

외부와 내부의 충돌, 세계와 나의 충돌이 일어난다. '의지'가 출현할 수밖에 없다. 왜냐하면, 그들 '대상'이 나를 절망하게 만들려는 '의지'를 보여주고 있기 때문이다. 행복한 순간이 짧게 느껴지고, 절망의 시간이 영원할 듯 보이는 까닭이다.

들소의 목을 물어뜯으려는 사자의 의지와 사자의 송곳니에서 벗어나려는 들소의 의지 중 누구의 의지가 더욱 강렬할 것인가. 누군가를 삼키는 쾌감과 누군가에게 삼켜지는 불쾌감의 인식은 어느 쪽이 더클 것인가. 생각해보면 답은 간단하다.

따라서 불행과 고뇌와 절망에서 가장 빨리 위로받는 방법은 나보다 더 비참한 자들을 찾아내는 것이다. 누구나 쉽게 따라 할 수 있는 최선의 방법이기도 하다. 도살자의 눈길이 쫓고 있는 양떼를 생각해보자. 목장에서 유유히 풀을 뜯고 어미 품 안에서 젖을 빠는 새끼가 있다. 도살자의 선택으로 그들 중 한 마리는 잔혹한 죽음을 맞이해야 한다. 그리고 나머지 무리는 살아남았음에 엄청난 희열을 만끽하게 될 것이다.

무미건조한 일상에서 한가로이 풀을 뜯던 평화로운 양

떼가 동료의 잔혹한 죽음을 목격하면서 자신의 생애에 감사하고, 앞으로의 삶에 연연하게 되는 정신의 변화가 찾아오는 것이다. 우리도 양떼와 같은 운명임을 망각해서는 곤란하다. 당신의 오늘이 행복했다면 내일은 오늘의 행복이 기억나지 않을 것이다. 어제의 행복으로 오늘을 만족하는 인간은 없기 때문이다.

하지만 오늘의 재앙으로 당신의 내일은 행복해질 수 있다. 질병, 박해, 몰락, 폭행, 실명, 사랑하는 누군가의 죽음으로 인해 당신의 오늘은 내일의 행복에 필수적인 비교 대상이 될 수 있다. 절망으로 가득 찬 당신의 하루가 홀로 도살자에게 끌려간 양 한 마리가 될 수 있다는 이야기다.

인류의 역사를 돌이켜보건대 기록된 역사의 대부분은 전쟁과 반란, 폭압과 갈등이다. 평화는 전쟁과 전쟁 사이에, 반란과 반란 사이에, 독재와 혁명 사이에 잠시 찾아오는 우연한 휴식과 같았다. 연극의 막이 내리고 다음 무대가 준비되는 동안 어릿광대가 보여주는 짧은 막간극에 불과했다.

만약 인류의 역사가 기록된 이래 지금까지 줄곧 세계가 평화로웠다면 각국의 언어가 해석된 사전들에 '평화'라는 단어는 실리지 않게 되었을 것이다.

세계의 축소판인 개인의 삶 또한 끝없는 투쟁이다. 빈곤

Arthur

Schopenbauer

과 권태와의 투쟁, 질병과 살인과의 투쟁, 무기력과 교만과의 투쟁, 이웃과 국가와의 투쟁이다. 인간은 곳곳에서 나를 가로막는 장애물을 발견할 수 있을 뿐만 아니라 길가에 떨어진 돌멩이를 장애물이라는 대상으로 지정할 수 있는 지적 능력을 갖고 있는 유일한 생물이다.

그리하여 인간은 삶의 활동 반경에서 쉬지 않고 적을 발견하고, 적을 상정하고, 적이라는 이름을 붙여 대항한다. 마찬가지로 그들에게 적이 되고자 욕망을 분출한다. 인생은 대상과의 휴전 없는 전쟁이다. 이 전쟁에서 최후까지 살아남는 승리자는 죽음뿐이다. 인간은 그저 무기를 든 채 죽어가는 것이 고작이다.

교육의 궁극적 목표는
성장이 아닌 '개조'에 있다

청소년기의 경험은 인간의 두뇌가 활동을 그칠 때까지 소중하게 보관된다. 행동과 사고에 지대한 영향을 미치는 가치판단의 원형으로서 중대한 의미가 있다. 성장 과정을 통해 이를 몸소 체험한 기성세대는 자라나는 청소년들에게 그들이 아직 경험으로 인식하지 못한 미지의 개념을 주입하려고 시도한다. 다른 말로 '교육'이라고 표현하는데, 교육의 기본은 가치판단의 강제적 주입이다.

인간에게는 지식과 더불어 지성이 필요하다. 지식이 인식이라면 지성은 의지다. 인식은 객관화를 추구하고 의지는 주관화를 추구한다는 점에서 지식은 수동적이고 지성은 능동적이다. 지식이 알맹이라면 지성은 껍질에 비유할 수 있는데, 껍질 안에서 열매가 익어간다는 것은 농부가 아니더라도 모두가 알고 있는 기초상식이다.

인간의 인식성장 과정을 추적해 보면 먼저 '나'를 인식하고, 그 후에 '나'와 비슷한 타인을 인식하고, 인간이 아닌 '그 외'를 인식하고, '그 외'에서 인간의 삶에 영향력을 행사하는 '사물'을 인식하게 된다. 이 사물에는 법과 질서, 윤리, 정치사상도 포함된다.

그런데 인식 과정에 타인이 개입한다면 어떻게 될까. 개인의 근간이 희석될 위험이 크다. 개인이 타인으로 변질되는 것이다. 타인의 범위는 넓게 보면 인류 전체, 국가, 사회, 지역, 가정까지 범위의 한도가 매우 넓다. 따라서 교육이라는 외부강압은 우리가 일생을 살면서 거의 순간마다 다가오는 위험이다.

지식은 도덕과 마찬가지로 외부에서 정한 관습을 그대로 따라가서는 안 된다. 페스탈로치(Pestalozzi, 1746~1827) 같은 선구자가 앞장섰듯이 인간 본성이 스스로 발현할 수 있도록 배려하고 기다려줘야 한다.

예를 들면 페스탈로치가 평생을 붙잡고 가르쳐도 백치로 태어난 아이는 현자가 되지 못한다. 백치가 그의 본성이기 때문이다. 이를 강요로 개조한다는 것은 사회평등으로 포장될 수 없는 엄연한 폭력이다. 그러므로 백치로 태어난 인간은 백치로 죽을 수 있게끔 기다려주고, 천재로 태어난 인간은 천재적 재능을 발휘하며 고독하게 죽어가도록 배려해 주어야 한다.

하지만 교육은 기다려주지도, 배려하지도 않는다. 백치도 일정 수준 이상의 지적능력을 사회에 보여주어야 하며, 천재는 일정 수준 이상의 자기 능력을 함부로 표출해서는 안 된다. 세상에서 합리적이라고 말하는 행동 양식 중 인간성이 뒷받침된 활동은 전무한데, 교육이라고 다를 바 없다. 이런 점을 고려해봤을 때 교육의 궁극적인 목표는, 아니 교육의 발생 원인은 성장이 아닌 개조에 있다고 의심해보지 않을 수 없다.

인간은 환경에 좌우되는 생물이다. 눈앞에 나타난 사물, 체험, 사람들을 대상으로 추론이 시작되고, 그 과정에서 자연스럽게 인식의 힘을 키우게 된다. 그 중요한 순간에 개조를 목표로 학교와 사회의 개입이 본격적으로 시작된다. 이것은 어떤 말로 포장해도 잔인한 사육에 지나지 않는다.

일생을 자신의 의지로 살아온 사람이 있다. 반대로 일생을 인식의 수행으로 자신을 납득시키며 살아온 사람이 있다. 둘 다 절망과 불행, 타락과 회개로 평생을 소비했다는 점에서 다를 게 없지만, 죽음의 순간에 한 사람은 후회를 남기지 않

Arthur

Schopenbauer

고 다른 한 사람은 죽음마저 허무하다고 느끼며 눈을 감는다.

의지뿐인 인생은 야만이다. 그러나 의지는 후회하지 않는다. 인식은 인간이 가장 자랑할 만한 지적 활동이지만, 의지라는 토대에서 발생하지 않은 인식은 조건 없는 수용에 불과하다. 그 같은 인식에 '자아'가 깃들 리 없다.

사람이 나이가 들수록 고집불통으로 변하는 까닭은 강제로 수용된 인식보다 개인의 야만적인 의지가 생의 욕구에 더욱 부합한다는 것을 깨달았기 때문인지도 모른다. 봄에 온갖 나뭇가지에서 똑같이 초록색 이파리가 나온다고 해서 인간도 그러리라는 보장은 없다.

적어도 마흔 살까지는 교육에서 소외되어야 한다. 실제로 은둔한 현자 중에는 마흔 살 이후에 발견된 경우가 많다. 인간의 나이 듦을 겉모습에서 확인하는 것처럼 불행한 일은 없다. 사회적 위치, 희끗희끗한 머리, 자녀의 수, 사는 동네로 그의 나이를 짐작할 수 있다는 것은 개인적으로 너무나 슬픈 일이다.

인생은 옷감과 같아서 처음에는 그 위에 수 놓인 무늬를 보고 가격을 흥정하지만, 막상 입고 다니다 보면 내 몸에 맞는 옷인지가 더 중요하다. 내 몸에 맞지 않는 화려한 무늬의 겉옷은 비싼 값을 주고 산만큼 쉽게 내다 버리지는 못하는 대신 서랍에 넣고 보관만 할 뿐이다. 마치 이 시대의 훌륭한 교육의 수혜자들이 그들 자신의 생애에 별다른 발전과 만족을 가져오지 못하는 것과 같다.

비록 바늘 자국과 꿰맨 흔적이 도드라지더라도 그것이야말로 살아온 증거가 된다. 옷감의 매듭이 자꾸 풀린다는 것은 그만큼 자주 입고 뭔가를 실천했다는 증명이기 때문이다. 서랍 안에 곱게 개어놓은 비싼 코트가 눈보라를 막아주지는 못한다. 교육은 우리를 가난한 신분에서 구원해줄 수는 있어도 가난이라는 모순을 우리 삶에서 영원히 추방해내지는 못하는 것이다.

정신적으로 성숙한 사람일수록
감성이 극도로 예민하다

　정신적으로 성숙한 사람일수록 고통을 느끼는 감성이 극도로 예민하다. 더욱 열정적인 성격일수록 상상력이 넘치고, 정서적으로 타인에게 휘둘리고 싶지 않다는 완벽주의에 시달린다. 그로 인해 작은 실수에도 스스로 감당할 수 없는 나락에 떨어질 위험이 크다.

　격렬한 감정변화에 자기 자신이 가장 큰 상처를 입는 경우가 많다. 타고난 재능이 많을수록 다양한 분야에 관심을 보이고, 이는 곧 생업이라는 생존수단에서 멀어지는 원인이 되기도 한다. 그들은 일반인이 한두 가지 일에 만족할 때, 수백 가지 일을 경험하려 하고, 경험한 순간 그 일을 진부하게 여겨 권태에 시달린다.

　그런 점에서 봤을 때 정신적으로 무능한 인간이 현실에

서는 가장 행복한 인간이라는 주장이 일견 옳은 얘기처럼 여겨지기도 한다. 그러나 이런 행복을 원할 사람은 많지 않을 것이다. 나 또한 무엇이 옳은지 미리 결정할 의사는 없다. 안티고네(Antigone)는 '행복의 첫째 조건은 분별력이다'라고 말했다. 하지만 비슷한 시기에 아이아스(Ajax)는 '생각 없이 사는 것이 제일 즐겁다'라는 말을 남겼다.

이에 대해서는 구약시대 사람들도 의견이 일치하지 않는다. 위경의 어느 구절엔 '바보의 삶은 죽음보다 고약하다'라고 했지만, 지혜의 왕 솔로몬은 '지혜가 많으면 번뇌도 많다'라고 했다.

인간의 성격은 어떻게 만들어지는가

인간의 성격에는 예지적인 것과 경험적인 것이 있다. 예지적 성격은 날 때부터 결정된 것이고 경험적 성격은 예지적 성격이 자신의 성향을 드러내며 시간과 공간 및 관계와 형식에 분산되어 체험했다가 얻어진 경험을 축적하여 기억하는 지식의 총량이다.

그리고 인간은 대부분 예지적 성격보다 경험적 성격을 먼저 드러내게 되어있다. 일상생활의 대부분을 경험적 성격으로 살아가고 있다는 얘기다. 물론 경험적 성격에 필요한 사회적 지식 또한 예지적 성격의 반동으로 수집된 정보이므로, 결국 인간성이란 예지적 성격을 사회적 관계 속에서 수시로 변해가며 등장시키는 변주곡에 불과할 수도 있다. 예지적 성격이라는 밑그림에 경험적 성격이라는 물감을 상황과 관계에 맞춰 색칠한 것이 인간의 색깔이라고 할 수 있다.

하지만 예지적 성격과 경험적 성격만으로 모든 것을 설명하기에는 치명적인 오류가 한 가지 있다. 인간에겐 제3의 성격, 이른바 '획득 성격'이라는 것이 있어서다. 삶의 여정에서 인간은 다양한 성격적 변화를 겪는다. 천성을 드러내고, 드러낸 천성에 따라 경험되는 지식이 다르기에 인간은 똑같은 상황에서도 개인의 특수성을 확립할 수 있다.

획득 성격은 이렇게 수집된 특수성 중에서도 자신이 원하는 것만 선별해 취합한 가장 개인적인 성격이다. 생활에서 겪은 사건들, 혹은 세상의 관습에 대한 개인적 판단을 통해 얻어진다는 전제에서 경험적 성격과 유사하게 보이지만 매우 중요한 차이점이 하나 있는데, 경험적 성격이 외부반응의 수집을 기반으로 성립된다면 획득 성격은 자기 자신의 반응을 수집하고 기억하는 데서 만들어진다는 점이다.

우리는 자기 자신이 이해되지 않을 때가 많다. 타인의 행동을 이해할 수 있고, 타인의 행동을 판단할 수 있으면서도 오히려 자신의 행동은 이해하지 못할 때가 있고, 어떻게 행동해야 좋을지를 판단하지 못할 때도 많다. 방황과 실패의 연속이다. 그런데 획득 성격은 방황과 실패 없이는 만들어지지 않는다. 실패를 통해 자기 자신을 제대로 인식하게 되어 자신이 어떤 사람이 되어야 할지를, 앞으로 어떻게 살아가야 하는지를 자기도 모르게 표출하는 것, 그것이 바로 획득 성격이기 때문이다. 따라서 획득 성격의 첫 번째 수확은 자신의 예지적 성격을 파악하는 데서 얻어진다.

예지적 성격으로 경험한 것들을 지식 삼아 세상과 타인이 원하는 나를 인식하고, 그 모습이 나 또한 원하는 모습인지를 분석한다. 이 과정에서 방황과 실패는 공식이나 매한가지다. 한 번의 좌절이 하나의 정답으로 귀납되고, 방황의 끝에서 남들에겐 없는 나만의 소양이 도출된다. 그렇게 능력과 소양을 채워나가다 보면 나의 천부적 성품과 경험된 지식과 한데 어우러져 세상이 바라보는 '나'의 진짜 모습이 구현되는 것이다. 하고자 하는 것과 할 수 있는 것이 구분되고, 의욕과 가능성이 판단된다. 구분과 판단은 세상을 살아가는 나의 성격이다.

적과 동지를 구별하는 가장 좋은 방법

추종과 아첨을 우정이라고 착각하는 사람들이 많다. 이것이야말로 우정에 대한 모독임에도 많은 사람이 우정을 확인하는 선의로 추종과 아첨을 바란다. 그렇다면 이미 그 사람의 인생에서 상대방과의 친밀함은 우정이라는 성격이 아니다. 그는 지배를 원하고 있다. 진정한 지배는 지위라는 권력의 도움이 필요하지 않다. 칭찬과 선망만으로 나의 권리가 확보되는 것도 아니고, 내게 그만한 지위가 주어지는 것도 아니다. 지배당하고 싶지 않다면 나를 지배하는 자와 똑같이 행동하면 된다. 그것이 가장 빠른 길이다. 여기에는 망설임도, 절제도 없어야 한다. 지배당하고 있다는 자괴감과 지배하고 싶다는 비뚤어진 욕망이면 충분하다.

나의 경험에 의하면 적과 동지를 구별하는 가장 좋은 방법은 소문이다. 나의 불행을 타인에게 이야기하는가, 하지 않는가에 따라 적과 동지를 구별하면 된다.

인간관계에서 돈은 진실을 확인하는 창이다. 돈을 빌려 달라는 요구를 거절함으로써 친구를 잃게 되는 경우도 많지만, 그보다 더 많은 경우 돈을 빌려줌으로써 친구를 잃게 되는 것만 봐도 그렇다. 최고의 친구는 한없이 적에 가까운 친구다. 충고가 필요할 때는 조언해주고, 교만해졌을 때 나를 위협하는 친구가 주변에 있다면 부모로부터 막대한 유산을 받는 것과 비교할만하다.

인격의 특징 중 하나가 이중성이다. 충고가 필요한 사람일수록 간섭을 싫어하고, 위로가 필요한 사람일수록 동정을 증오한다. 그 결과 우리가 알고 있는 역사가 탄생했다. 각각의 민족이 쌓아온 역사를 보건대 전쟁과 반란 외에는 찾아볼 게 없다. 위로와 충고가 역사에 기록된 적이 없기 때문이다.

평화로운 날들은 자만했던 날들로 기록되고, 배불리 먹고 마셨던 시기는 사치와 향락으로 오욕되기 일쑤다. 이것은 무엇을 말하는가. 인간 스스로 다툼과 반목을 추구했다는 뜻이다. 인간에게 평화는 지루함의 극치다. 행복한 순간은 지긋지긋한 권태로 기억되고, 굶주림과 갈증으로 죽음의 문턱에 다다랐던 시절은 강인한 인간성을 확인시켜준 영웅들의 자랑거리가 되곤 한다. 역사는 개인의 시간들이 한데 모인 기록이다.

역사가 이러할진대 개인의 삶이라고 다를 바 없다. 굶주림과 갈증, 추위와의 싸움뿐 아니라 부모, 형제, 이웃, 스승, 친구와의 다툼으로 생존본능을 확인한다는 것 빼고는 국가의 폭력성과 다른 점이 없다. 인간의 날이 지속되는 한, 도처에서 적이 출몰하고, 투쟁은 끝이 없다. 무기를 든 손에서 피가 마르지 않는다. 그것이 같은 곳에서 출현한 인간과 인간의 운명이다.

인간을 불평분자로 만드는 악당

모든 일에서 의심을 거두지 않는다. 결단을 내리기 전까지 나는 의심하고 또 의심한다. 하지만 의심하고 증명하기에는 너무나 많은 시간이 필요하다. 생활 곳곳에서 이 같은 현상이 반복되고 있다. 타인과의 관계도 마찬가지다.

처음 만난 사람과 조금이라도 익숙해지려면 그가 살아온 모든 시간들이 내 앞에 숨김없이 펼쳐져야만 한다. 그래야만 그에 대한 의심이 사라지기 때문이다.

나는 세상 누구보다 약한 인간이다. 육체뿐 아니라 정서적으로도 그래서 타인의 의견에 쉽게 좌우된다. 특히 행동할 때 그 같은 특성이 자주 나타난다. 내게 충분한 시간이 주어지지 않는 이상 자의적인 판단에 의한 행동은 기대하기 어렵다.

타고난 성격이 소심하다. 누군가로부터 따뜻한 말 한마

디를 들으면 오랫동안 그의 목소리를 잊지 못한다. 작은 격려나, 호의적인 미소만으로도 하루 종일 기분이 들뜬다. 그래서 악의적인 평가, 나를 쳐다보는 불쾌한 표정도 오랫동안 기억에 남는다.

그런 기억을 머릿속에서 지워버리는 가장 좋은 방법은 혼자 방에 처박혀 있는 것이다. 내 방에서 좋아하는 책들을 뒤적이며 흐트러진 균형을 바로 잡는다. 마음은 여전히 흥분한 상태지만 정신적으로는 더욱 냉철하게 중심을 잡을 수 있다.

내가 열망하는 최상의 환경은 열광이다. 나는 웃음 그 자체가 싫다. 웃고 싶지 않다. 웃음은 열광을 무너뜨리고 두 번다시 예전과 같은 흥분상태로 정신을 들뜨게 만들지 못하기 때문이다.

인간의 이성은 허영심에 적극적으로 반응한다. 일기를 쓰면서 가끔은 이런 생각을 한다. 누군가가 내가 죽은 후에 이 방에 들어와 나의 가장 비밀스러운 이야기들로 가득한 작은 노트를 발견해주기를 바라는 것이다. 사적인 메모마저도 지적인 허영으로 더럽히는 이유다.

어쩌면 나의 소원은 이것뿐인지도 모르겠다. 허영심의 고립! 거울에 비치는 교만한 표정을 바로잡고 오직 나의 개인적인 열광에만 도취되는 것. 쉬운 얘기는 아니다. 불가능

Arthur

Schopenbauer

할 것이다. 내 주위에는 나의 허영심을 부추기는 어리석은 인간들이 너무나도 많다. 철학이라는 학문을 정의해달라는 사람들의 요구에 나는 이렇게 대답했다.

'인간을 불평분자로 만드는 악당'

때때로 사람들은 자신이 생각한 바를 솔직하게 글이나 말로 옮기는 것이 가능한 일이라고 믿는다. 나도 이런 오류에 빠지곤 한다. 현실에서 인간이 기록할 수 있는 것은 문자이며, 음성으로 표현할 수 있는 것은 어법이 축소된 단어 몇 개가 고작이다.

문자와 단어 몇 개로 과연 내 영혼이 진실한지를 남에게 확인시켜준다는 것이 가능할까. 우리는 다만 문자와 말이라는 형식에 나의 생각을 담아낼 수 있을 만큼만 담아낼 뿐이다. 이것은 흙장난과 비슷하다. 흙으로 빵을 만들고 소꿉놀이를 하는 것과 글을 쓰고 연설을 하는 것은 하나도 다를 게 없다.

불행이 터졌을 때보다
불행이 지나간 후가 더 중요하다

나보다 앞서 있는 사람을 굳이 봐줄 필요는 없다. 타인과 다른 것을 소유하면 비교당하거나 비교할 이유가 사라진다. 노력해도 앞지르지 못할 것 같다면, 그래서 질투가 나고 괴롭다면 그들과 다른 길로 가는 게 상책이다. 그 길에는 나를 괴롭게 만드는 사람이 한 명도 없을 것이다. 사람들에게 판단 받고 싶지 않다면 그들이 판단할 수 없는 생활을 하면 간단하다. 그들이 하지 않는 선택을 하고, 그들이 관심을 보이지 않는 것들에 집착하면 해결될 문제다.

인생은 실수와 우연으로 덮여있다. 실수는 실패가 아니다. 실수의 결과는 아무도 모른다. 왜냐하면, 실수 뒤엔 항상 우연이라는 것이 따라오기 때문이다. 우연이 무슨 짓을 저질러줄지는 아무도 모른다. 실수를 성공으로 바꿔줄지도 모르고, 완벽한 계획을 뿌리부터 틀어지게 만들어버릴지도 모른다. 따라서 확신을 가질 필요도 없다. 우연이 무슨 꿍꿍이를 꾸미고 있는지 아무도 모르기 때문이다. 괴테의 말처럼 그냥 안장을 잘 얹고 말을 타면 된다.

그런 점에서 다윗 왕의 삶은 주목할 가치가 있다. 그는 부하의 아내와 사랑에 빠졌고, 부하의 아내를 얻기 위해 부하를 전쟁터 맨 앞에 서게 해 죽게 했다. 남편이 죽은 후 그녀는 다윗 왕의 아들을 낳았다. 이 용서받지 못할 죄악에 신은 이 아이를 죽이겠다고 응답했다. 다윗 왕은 살려달라고 미친 듯이 기도했다. 정신이 거의 나갈 정도로 식음을 전폐하며 이기적인 기도를 거듭해 신을 화나게 했고, 결국 아들은 병에 걸려 죽고 말았다. 아들의 죽음 이후 다윗 왕은 어떻게 처신했을까? 신을 원망했을까? 왕이 되었음에도 어린 아들 하나 지켜내지 못한 권력의 허망함을 비웃었을까? 성욕에 눈이 멀어 부하를 죽이고 그 부인을 강탈한 자신의 더러운 죄악을 혐오했을까? 전부 아니다. 그는 '아들의 죽음'을 없던 일로 만들고 자신의 임무, 즉 왕이 되어 전쟁을 벌이고 사람을 다스리고, 아름다운 여인들과 사랑을 나누고, 자녀들을 생산하는 일에 열중했다. 그는 아들을 죽인 신을 여전히 찬양했고, 일말의 의심 없이 믿었고, 신앙 안에서 행복해했고 즐거워했다.

이것은 아주 중대한 원칙이다. 불행이 터졌을 때보다 불행이 지나간 후가 더 중요하다. 그 일이 벌어지지 않았기를 기대해봐야 소용없다. 불행의 원인이 되었을지도 모르는 자신의 태만이나 무모함, 불성실을 후회하기에도 늦었다. 불행은 그 자체로 징계다. 불행이 이미 지나갔는데 자기 징계를 반복하는 것은 그 자체로 또 다른 불행을 불러오는 비극이 된다. 명백히 저지른 실수에 대해 변명하거나 축소하거나 미화할 필요는 없다. 깨끗이 인정하고 징계를 받고 우연히 생긴 비극으로 인생의 페이지에 적어둔 뒤 책장을 덮어버리면 그만인 것이다.

Arthur

Schopenbauer

보잘것없는 재능으로
너무 많은 것을 얻었다

많은 사람이 나를 우호적으로 평가하고 있다는 이야기를 듣고 무척이나 놀랐다. 나를 좋아한다기보다는 존경한다는 표현이 더 적절할 듯싶다. 물론 내가 타인으로부터 존경받을 만한 정당한 인간이라고는 생각하지 않는다.

나의 사고는 복잡하고 섬세한 구조로 형성되었다. 그 때문에 보통 사람들보다 민감하다. 작은 먼지 때문에 정교한 기계가 멈춰버리듯 일상의 사소함이 나의 지적 분출을 완전히 가로막고 있다.

나의 고찰은 통찰에 뛰어난 편은 아니다. 통찰보다는 논리에 초점을 맞추고 있다. 무엇인가를 쓸 수 있다는 것이 얼마나 다행스러운지 모른다. 이것이야말로 참된 행복이다. 논리는 단순해질수록 강력해지고 인간은 행복을 추구할수록 죽음과 가까워진다. 죽음이 인간의 가장 행복한 상태이기 때문이다.

그래서 인간은 행복해지기 위해 죽음의 위협과 당당히 맞설 수가 있다. 행복을 원하기 때문에 삶이 고통스러워진다는 것은 깨닫지 못한 채 말이다. 나의 세계를 지킬 수 있고, 내가 머물 방이 있고, 그곳에서 따스함을 느끼며 나의 의미를 되찾는 것이 나에게는 행복의 전부다.

이 시대를 정의한다면 가치 전도의 시대라고 부를 수 있다. 현재는 과거에 계획하지 않았던 새로운 시도라고 부를 수 있다. 우리는 미래를 내다보지 못한다. 여러 가지 가능성을 열어놓고 이 세계의 의지가 나를 움직여주기를 기다리고 있다.

영웅은 화려한 빛과 같아서 그 빛으로는 우리의 밤을 따뜻하게 데워주지 못한다. 뜨거운 한낮에만 자신을 스스로 내세울 뿐이다. 그 차이를 비유하자면 요리를 구경하는 것과 직접 먹는 차이라고 할 수 있다. 보는 것과 먹는 것의 느낌은 다르다. 영웅으로 사는 것과 영웅을 칭송하는 것도 마찬가지다.

타인보다 나의 지능이 월등하다고 생각하려는 경향이 있다. 나의 현재 위치, 내가 목표로 삼고 있는 부분들에서 이런 경향은 요구된다. 그러나 현실에서 느끼는 감정은 정반대다.

Arthur

Schopenhauer

내 머리가 남들에 비해 우수하다는 것은 나만의 착각일 뿐이라는 자괴감에 빠지곤 한다. 타인보다 지적인 능력이 떨어지기 때문에 현실을 호도하는 그릇된 전제조건을 만들어내는 것은 아닌지 불신과 불안이 밀려온다. 만약 이 가설이 옳다고 할지라도 나로서는 선택의 여지가 없다.

나의 전제가 완전한 오류라고 해도 타인보다 지적인 면에서 월등하다는 착각이 계속 필요하다. 나 자신의 비루함과 타고난 인성에 대한 부정으로 심경이 복잡해지는 것은 이 같은 전제를 선택하기 전부터 각오하고 있던 바다.

태어났을 때부터 머리가 좋았더라면 상관없었을 텐데, 나의 부모는 장점보다 그들의 단점을 더 많이 물려주었다. 나는 그에 대한 반발로 부모님의 재산을 포기하고 싶었지만 비참한 자기학대를 즐겨보고 싶다는 유혹으로 그렇게 하지 못했다.

지금까지 내가 한 이야기가 사실과 다르다면 이렇게 말할 수도 있을 것이다. 나 자신의 성격적 결함에 대해 나 자신이 깨닫지 못하고 있다. 표지판을 보고도 엉뚱한 방향으로 접어드는 우매함이야말로 나의 특성이다. 단순하고 보잘것없는 재능으로 너무 많은 것을 얻었다. 그 결과가 오늘이다.

나의 이 절망을 다음과 같은 비유로 설명하고 싶다. 어떤 남자가 아침마다 옷장에서 자신의 군복을 꺼내놓고 자랑스럽게 훈장을 쓰다듬었다. '난 정말 용감한 사나이다'라고 혼자 만족하면서. 그런데 어느 날 자신의 군복에 달려있는 훈장이 다른 사람의 가슴에도 달려있는 것을 발견하게 되었다. 그리고 이 남자는 자신의 훈장에 대한 진실을 깨닫게 된다. 훈장은 용기에 대한 보상이 아니라 어떤 특수한 기능에 대한 인증임을 알게 된 것이다.

누군가를 가르쳐야 하는 상황이 부담스럽다. 나는 아직도 학생 신분에서 벗어나지 못한 것 같다. 나는 많은 것을 알고 있다. 그러나 타인에 비하면 아무것도 모르고 있다.

Arthur Schopenhauer

그대의 오늘은 최악이었다,
내일은 오늘보다 더 나쁠지도 모른다

머나먼 항해를 떠난 배는 바다에서 풍파를 만난다. 풍파 없이 배가 항구에 닿을 수는 없다. 그래서 시련은 전진하는 자의 벗이다. 절망에서 생의 기쁨을 만나게 되는 것이다. 파도가 치지 않는 바다처럼 지루한 것이 또 있을까.

번민 없는 인생이 어디 있을까. 번민은 욕심에서 태어난다. 다행히 우리에게는 욕심보다 강한 무기가 있다. 진리를 갈망하는 마음이다. 진리를 찾고자 하는 마음이 욕심보다 약해졌을 때 우리는 정의의 길에서 멀어진다. 아니, 정의라는 단어를 잊어버리게 된다.

신은 우리에게 충분한 선을 베풀지 않았다. 우리에게는 타고난 선이 부족하다. 신이 우리에게 베푼 선으로는 선과 악을 판단하는 정도밖에 쓰임이 없다. 우리 안에 선한 성질이 있다는 것은 우리가 선하게 살 수 있을지도 모른다는 가능성에 불과하다. 그러므로 인간은 자기를 위해서라도 내부의 선함을 지속해서 발전시키려는 노력이 필요하다.

인생은 그 같은 목적을 달성하는 데 필요한 몇십 년의 한정된 시간인지도 모른다. 진리가 우리에게 기쁨을 안겨주고 평안을 베풀지는 못한다. 그런데 왜 인간은 진리를 찾는가. 이 보잘것없는 짧은 생애 동안 진리를 추구했다는 기만이 마음에 평안을 주기 때문이다.

소크라테스는 살기 위해 먹고 마시는 사람이 되라고 가르쳤다. 먹고 마시기 위해 사는 것은 악인이라고 했다. 소크라테스가 죽은 후 세상은 먹고 마실 것이 더욱 많아졌고, 그럴수록 인간은 먹고 마시는 것에 더욱 집착하게 되었다.

그대 젊은이들이여, 역사와 그대들이 기억하는 영웅들이 걸어온 길을 보라. 그들의 삶은 고통의 입구에서 출발했고, 자기희생의 강요를 통해 완성되었다. 자기를 희생할 줄 아는 사람만이 훗날 영웅으로 불리게 되었다.

젊은이들이여, 돈과 명예에 한 번뿐인 삶을 팔지 말라. 돈과 명예는 부도덕한 자들과 동행하지 않는 한 그대들을 반기지 않는다. 물질과 직위는 사람의 성품을 얕은 여울로 인도하는 사막의 물길임을 기억해야 한다.

Arthur

Schopenbauer

가진 자는 더 많은 것을 가지려고 탐욕에 길들여지고, 이름을 얻은 자는 그 이름 앞에 굴복하는 이름들을 늘리려고 무고한 희생을 계획하게 되는 법이다. 가진 자는 빼앗김을 두려워하고, 이름을 얻은 자는 기억되지 못함을 두려워하며 산다.

가진 자의 관심은 가진 것들을 향하고, 이름을 얻은 자의 관심은 그의 이름에만 갇혀버리게 되는 것이다. 그런 자의 영혼은 비워진 항아리와 같아서 겉으로 보기에는 속이 어두워 그 안에 무엇이 들어있을 것이라고 기대하게 만들지만 직접 손을 뻗어 더듬어 보면 차가운 옹기그릇에 손가락이 아릴 뿐이다.

그대의 눈에서 눈물이 쏟아지지 않고는 진리의 골짜기에서 길을 찾지 못한다. 그대의 마음이 추악한 이기심에 병들어 절망을 토해내지 않는 한, 그대의 영혼은 빛을 알지 못한다. 슬픔과 괴로움 속에서 기쁨을 찾지 못한 청춘은 인생의 지혜에 닻을 내리지 못하고 삶이라는 바다 위를 언제까지나 외로이 떠돌게 될 것이다. 고뇌의 기쁨을 맛보지 못한 청춘은 청춘이 아니다. 살아있어도 살아있는 게 아니다.

그대의 오늘은 최악이었다. 내일은 오늘보다 더 나쁠지도 모른다. 그것을 알면서도 그대의 청춘은 내일을 준비한다. 그것이 인생이라는 나그네의 길임을 그대는 알고 있기 때문이다. 지상에서는 그대의 곤한 육신을 편히 쉬게 해줄 수 있는 안식의 땅이 없음을 그대는 알고 있기 때문이다.

평안과 안식은 그대에게서 삶의 의지를 빼앗는 적이다. 그대의 삶이 평안과 안식을 누리게 되었을 때 그대의 삶은 사육자의 의지를 따르게 된다는 것을 명심하라. 그대의 삶이 거대한 우리가 됨을 명심하라.

범죄자를 위한 사회의 헌신은
공짜가 아니다

　인류문명의 발달을 한 마디로 축약하자면 인권의 신장이
다. 인권이란 말 그대로 인간의 권리인데, 인간의 가장 중대
한 권리는 자신이 겪고 싶지 않은 일을 타인에게 강요하지
않는 것이며, 자신이 기뻐하는 일을 실행에 옮길 수 있는 선
택의 자유다. 인권유린이 당연시 여겨지던 시절에는 범죄에
대한 정화의 기능으로 사형제가 보편화되었다.

　그러나 문화와 정치라는 문명의 구조가 발전하면서 범죄
자에 대한 사회적 시각이 사형이라는 극단적인 처방보다는
사회와의 격리를 통한 범죄자의 계도에 초점이 맞춰지게 되
었다. 그 결과 많은 시설과 비용을 동원하여 감옥을 세웠다.

　범죄자를 위한 사회의 헌신은 공짜가 아니다. 하나에서
열까지 선량한 시민들의 세금에 의해 이뤄지고 있다. 선량한

시민들의 삶을 위협했던 범죄자들을 위해 선량한 시민들의 세금이 쓰이고 있다.

범죄자를 위한 이 같은 사회적 실천이 나쁘다는 뜻은 아니다. 범죄자를 위해서도 이처럼 많은 것을 실천하는 사회가 아무 죄도 없는, 그러나 선천적인 불행으로 괴로워하는 장애인과 고아에 대해서는 사실상 아무런 혜택도 제공하지 않고 있다는 점을 지적하고자 하는 것이다.

의사, 간호사, 목사는 정상인이 아닌 심신이 상처받은 자들을 위해 존재하는 직종이다. 다시 말해 이들은 정상 범주에서 이탈한 자들을 보듬고 치유할 의무가 있지만 현실을 목격하건대 오직 의료비와 헌금을 지출할 능력이 되는 일부 계층을 상대하기 위한 사업확충에만 몰두하고 있다. 이는 분명 잘못이다.

의사와 간호사와 목사가 의술과 간호와 신앙을 통해 피폐해진 이웃의 삶을 치유함으로써 보람을 느끼지 못하고, 봉사의 금전적 대가를 추구한다면 이것은 용서할 수 없는 죄악이다. 그리고 더욱 근본적인 문제는 의료와 신앙에 소모되는 비용과 고통을 약한 자들에게 떠맡기는 사회의 안일함이다.

사회에 해악을 끼친 범죄자를 위한 교화시설과 그에 소비되는 비용은 당연하다고 여기면서도 선의의 구성원이 당하는 고통에 대해서는 아무런 책임감도 느끼지 못한다면 그 사회는 회복되기 힘든 질병에 오염된 거대한 병원이다.

개인이 자초한 불행이든, 환경에서 비롯된 불행이든 고통받는 소수의 나약한 세대에게 현재와 미래에 대한 최소한의 기대를 베푸는 것은 국가사회의 의무가 아닌 건강한 다수의 의무다. 희망을 잃은 사람들은 인생을 포기하는 것으로 그치지 않고 흉악한 사상과 선동에 쉽게 빠져드는 경향이 있다. 이는 개인의 고통이 사회의 고통으로 얼마든지 발전할 수 있다는 위험 요소다.

특히 청년기의 불행은 그의 남은 인생을 고뇌와 비애로 점철시켜 어린 나이에 자학으로부터 위안을 찾는 범죄의 길에 들어서게 만들 수 있다. 남보다 공명심이 강하고 선천적으로 총명한 기질을 타고난 사람일수록 청년기의 불행과 사회적 방관에 의한 소외감은 평생토록 따라다니며 그의 의식 체계가 선별하는 확고한 기준이 되곤 한다.

이런 사람들은 불우한 환경이라는 고통뿐 아니라 자신이 불행해지기까지의 과정에 대한 피해망상까지 더해져 이중삼중의 분노와 복수를 다짐하게 된다. 단순히 육체적 불행으로 끝나는 것이 아니라 마음과 영혼을 병들게 하므로 시간이 지날수록 회복하기 어려워진다.

소외된 소수에 대한 동정은 발을 겹질린 환자에게 깁스를 감아주는 행위와 동일하다. 수술을 통해 눈에 보이는 상처를 치유해주되 그 베풂이 간섭과 굴종의 계기가 되어서는 곤란하다. 깁스가 풀릴 때까지 기다리듯 그들 스스로 인생은 정도의 차이가 다를 뿐 고난과 고뇌의 연속이며, 태어난 이상 고통스러운 게 당연하다는 깨우침이 있을 때까지 지켜봐주는 것으로 충분하다.

불행은 그 누구도 피해 가지 못한다. 그러므로 뜻하지 않게 질병을 얻었다거나, 장애를 안고 태어났다거나, 갑작스레 불운이 뒤따르더라도 놀라면 안 된다. 수치스럽게 여겨서도 안 된다. 생명이 지속되는 한, 언젠가는 육신에 병마가 찾아오고, 우리의 이상은 늦가을 낙엽처럼 힘없이 땅에 떨어지기 마련이다.

이런 마음 자세로 첫째는 불행이 닥칠만한 상황을 피하고, 둘째로는 최악의 불행이 닥쳤을 때 어떻게 대처할지를 계획해두어야 한다. 불행이 닥칠만한 상황을 피한다는 것은 자신의 신체와 정신, 환경이 늘 건전한 상태를 유지하도록 힘을 기울인다는 의미인데, 나 한 사람의 깨달음과 준비만으로는 부족하다. 가족과 친구, 다시 말해 일상생활에서 자주 접촉하는 사람들이 나만큼 건강한 상태를 유지할 수 있도록 돌보고 관심을 가져주는 이타심(利他心)이 발휘되어야 한다. 혼자 건강해서는 소용없다. 주위의 누군가가 불행과 고뇌라는 전염병을 보유하고 있다면 머잖아 근처의 모든 사람이 불행해진다. 더불어 산다는 것이 꼭 모두의 행복을 추구하는 것은 아니다. 내 주위의 누군가가 고통받지 않는다면 그것으로 충분하다.

가진 자들의 머릿속에는 노동자들에게
더 많은 노동을 전가하는 계획밖에 없다

계급과 부(富)는 존경의 대상이 아니다. 그가 지금 하는 일에 따라 존경과 멸시를 판단해야 한다. 그가 하는 일이 많은 사람을 유익하게 해주고 있다면 그는 존경받을 만한 인물이다. 하지만 세상은 오직 자기 자신만을 해방한 부자들을 존경하고, 우리의 생활을 존속시켜주는 농민과 노동자의 수고는 천시한다.

가진 자들의 머릿속에는 노동자들에게 더 많은 노동을 전가하는 계획밖에 들어있지 않다. 국가는 노동자의 생활을 부유하게 해주기 위해서는 어쩔 수 없다고 말하는데, 결과적으로 노동의 대가는 국가와 소수의 정치가와 기업가의 몫으로 떨어지고, 노동자에게는 힘든 과정만이 남겨진다.

우리 시대는 여전히 다수의 노예와 소수의 지배자로 구

별되고 있다. 노예제도는 서구사회의 기반을 조성한 플라톤과 아리스토텔레스의 인간적 도덕 감성에 어긋나는 개념이다. 하지만 플라톤과 아리스토텔레스는 노예제도의 비인간성을 지적하지 않았다. 왜 그랬을까? 노예제도를 부정하게 되면 그들이 누리는 자유로운 지성의 생활이 윤택해지지 못하기 때문이다. 노예의 복종 없이는 그들의 지적인 삶이 지속될 수 없기 때문이다.

노예제도는 일부 권력자들이 노동으로부터 자신을 해방시키고자 폭력과 술수를 동원해 타인에게 자신의 몫을 떠넘긴 데서 시작되었다.

노약자와 병자를 대신해 타인이 감당해야 할 노동의 몫을 맡아주는 것이라면 모를까 편파적인 위계와 선대로부터 물려받은 가문의 문장을 앞세워 그가 감당해야 할 노동의 몫을 힘없고 가난하고 병든 타인에게 떠넘기는 것은 인류의 보편적 윤리 잣대로 판단했을 때 중범죄에 해당한다. 따라서 사회구성원에게 일률적으로 노동의 양이 분배되지 않는 사회는 노예제라고 불러야 할 것이다.

국가가 전면에 나서서 세금과 의무라는 명분으로 다수의 노동력을 착취하고, 노동의 결과물을 앉아서 가져가는 유럽 각국은 정치적으로 진보했다고 자신하는 그들의 주장과 달리 여전히 전근대적인 탄압을 일삼는 노예제 국가다. 이들 국가에는 타인의 노동을 착취하는 것이 그들의 우수성을 증명하는 사회적 성취라고 착각하는 인간들이 많다. 그리고 한편에서는 그들의 착취에 순순히 응하는 것이 국민의 의무이며 국가의 존속에 필요한 행위라고 믿는 다수가 존재한다.

더럽고 부끄러운 업종에 종사하고 있어도 수치는 아니다. 인간의 수치는 할 일 없이 빈둥거리며 사람들 앞에서 거들먹거리는 저 뻔뻔스러운 부자들의 삶이다. 부자는 호화로운 저택과 마차, 값비싼 음식 재료들로 우리를 속이려 든다. 이렇게라도 자신들을 포장하지 않으면 세상 사람들의 경멸을 받게 된다는 것을 알고 있기 때문이다.

부자의 이 같은 자기 기만은 문명사회가 안고 있는 폐단 중 하나인데, 이보다 더 세상을 암울하게 만드는 폐단이 있다. 가난한 자들의 질투다. 부자를 비난하는 표정 뒤에서 자신보다 더 가난하고 힘든 사람들을 착취하려는 가난한 민중의 집단폭력은 공동체의 존립을 뒤흔드는 위협이 될 것이다.

대체 왜 우리는 노력하는가,
왜 청춘은 꿈을 꾸는가

날마다 눈을 떴을 때 온갖 불행과 마주하게 된다. 크고 작은 불행, 일상적인 불행, 끝없는 불행, 단발적인 불행이 동시에, 때로는 순서대로 우리의 아침을 깨운다. 극도의 긴장이 우리를 짓누르고 수 많은 사람이 각자의 불안을 안고 협력한다. 그러나 속내는 공공의 복리가 아닌 개인의 이익을 위해 모인 것이다. 그들이 말하는 공공의 복리로 인해 하루에도 수만 명이 착취당하고, 희생당하고, 세계 밖으로 쫓겨나고 있다. 몇몇 인간들에 의해 당치도 않은 선입관이 공동의 목표로 제시되어 그 길만 따라가면 이 고단한 삶에서 회복되리라는 망상이 심어진다. 기득권을 위해 교활한 전략에 속아넘어간 무고한 시민들이 싸움터로 달려간다.

그리하여 우리는 그들의 배를 채우기 위해 망령된 상상

을 희망이라 부르고, 착취된 지성을 청춘이라 부르며 온종일 피상적 현상을 표상으로 착각한 채 일과를 허비한다. 그들의 범죄를 은폐하고자, 그들의 창고를 가득 채우고자 대다수 백성이 선한 자의 길에서 이탈하여 범죄의 흥분에 몸을 맡기고 있다.

청춘이 흘리는 피땀은 어디로 흐르는가. 평화로운 시대에 상업이 발달하고, 공장이 생기고, 놀라운 기계들이 출현하고, 거대한 배가 바다를 가로지르고, 강줄기 위로 다리가 건설되고, 아프리카에서 신비로운 향취의 과일이 수입된다.

그리고 선한 자는 일한 만큼 정당한 대가를 받지 못하고, 방직기계 앞에서 하루를 수탈당하고, 기계에게 기술을 난도질당하고, 바다에서 선원들이 몇천 명씩 빠져 죽고, 벽돌을 등에 진 채 강물로 떨어져 익사하고, 검은 피부의 동족을 창살에 가둔다.

어떤 사람은 더 많이 착취당하기 위해 최고 고등교육기관을 졸업하고, 어떤 사람은 팔다리가 부러질 때까지 기둥을 세운다. 대체 왜 우리는 노력하는가. 왜 청춘은 꿈을 꾸는가. 그들의 꿈은 어디를 배경으로 바래지고 있는가.

하루살이 같은 목숨을 위해 누군가를 하루살이로 전락시킨다. 나의 생명을 위해 누군가의 생명을 세계가 마련한 제

Schopenhauer

단 위에 제물로 바친다. 인간의 삶은 견뎌낼 수 있을 정도의 고통일 뿐인데, 언젠가는 아픔이 내 안에서 사라질 것이라고 믿게 된 이유는 무엇일까.

그나마 이 아픔에서 탈출한 몇몇 가진 자들마저 권태라는 새로운 아픔으로 몸부림치고 있는 것을 지켜보노라면 이 비참한 현실에서 인간으로 태어났다는 한 가지 사실보다 더 큰 재앙은 없다는 생각밖에 들지 않는다.

세계관은 소년 시절에 완성된다

볼테르(Voltaire, 1694~1778)가 남긴 말 중에 유일하게 쓸만한 구절이 있다. "자기 나이를 헤아리지 못하는 사람은 그 나이에 겪을 수 있는 모든 불행을 만나게 된다." 인간은 전 생애를 통틀어 현재만을 살아간다. 과거와 미래는 뒤늦은 발견이며, 기껏해야 두뇌의 부차적인 활동에서 빚어지는 산물일 뿐, '현재'에 아무런 영향도 끼치지 못한다.

소년 시절에는 누구나 미래를 계획하고, 노인이 되어서는 소년 시절을 추억하지만, 소년 시절에 노인의 삶을 체험하는 사람이 없고, 늙어서 다시 소년이 되는 사람은 없으므로 모두 허황된 짓이며, 근본을 추리해보면 결국 '현재'에서 채워지지 않는 갈증을 탐욕스레 훔쳐보는 것과 다름이 없다.

인간에게는 기본적으로 성격과 성질이 있다. 성격은 타

고난 것으로 죽을 때까지 변함이 없고, 성질은 한평생 변해가는 유동적인 소질이다. 현재는 성격보다는 성질에 더 많은 영향을 받는다. 현재와 성질은 유동적이라는 점에서 공통점이 있기 때문이다.

인생의 처음 4분의 1은 그나마 가장 행복한 시기다. 이 행복도 사실상 인식의 부족에 힘입은 착각에 가깝지만, 어쨌든 세상은 낙원에 가깝다. 훗날 노년에 이 시기를 떠올려보면 세상은 지금보다 훨씬 아름답고, 평화롭고, 풍요로웠다고 추억하게 되는데 그 이유도 소년기의 철없는 인식능력 덕분이다.

소년이 접할 수 있는 외부세계는 매우 피상적이다. 기회도 적고, 요구도 거의 없다. 의지를 자극하는 절망과 고뇌가 없다. 이 무렵에는 생존이 유일한 욕구다. 그런데 대부분의 경우 부모로부터 먹거리와 침실을 제공받고 있으므로 본능이 출현할 기회는 거의 없다.

소년 시절에 겪은 사건과 보고 듣고 배운 지식은 훗날 그가 겪게 될 모든 현상의 원인이 된다. 삶이란 지극히 개인적인 사태들의 연속처럼 보이지만 실은 대상과의 마찰에서 빚어지는 혼합물과 비슷하다. 그 대상은 세계가 될 수도 있고, 옆자리에 앉아있는 낯선 이방인이 될 수도 있는데, 가장 흔히 벌어지는 마찰로는 자기 자신과의 투쟁이 있다.

그러므로 소년의 내면에 깊숙이 잠입한 경험론적 지식은 그가 외부에서 활동하는 투쟁의 성향을 결정하고, 성질을 변화시키는 근본 원인이 되는 것이다. 동일한 인물, 동일한 상황, 동일한 결과를 똑같이 목격하고도 10대 후반과 60대 후반의 목격담은 완전히 달라지는 이유가 여기에 있다. 사물을 보고 어떤 인상을 받게 되었을 때 소년과 노인의 감각이 달라지는 이유가 바로 이것이다..

쉽게 말해 우리의 생애를 결정짓는 주범이라고도 할만한 생의 감각이 시도 때도 없이 변해가는 것이 문제다. 즉 소년 시절에 형성된 원형에 지속적으로 수정이 가해지는 것인데, 비유하자면 처음 의도했던 스케치에 물감을 덧입히면서 그리려고 했던 대상이 모호해지는 상황이다. 급기야 화가 본인조차 자신이 처음 의도했던 바가 무엇이었는지를 모르게 된다. 그것이 인간의 성장이다.

하지만 변하지 않는 것도 있다. 소년기에 완성되는 세계관의 길이와 무게다. 세계관은 나이가 듦에 따라 인간의 성질이 변하듯 수정되고 보충되고 악화되지만, 그 길이와 무게만큼은 처음 완성된 형태에서 변함이 없다. 그리고 이렇게 완성된 세계관의 길이와 무게에 의해 한 사람의 인생이 결정된다.

세계관의 길이가 짧은 사람은 가장 친한 벗의 세계조차 헤아리지 못한다. 그에 반해 천재, 혹은 현자로 불리는 특수한 사람들의 세계관은 지구를 뒤덮고도 남을 만큼 길다. 그래서 때로는 그들의 세계관에 침식되어 우리의 짧은 세계관이 보다 길어지는 행운을 얻기도 한다.

소년의 눈초리가 매사에 차갑고 비관적인 까닭은 그들의 내면에서 인식이 활동하고 있기 때문이다. 청년의 시선을 완벽하게 묘사한 라파엘로(Raphael, 1483~1520)의 작품 '시스틴의 마돈나(Sistine Madonna)'는 아기 예수를 안고 승천하는 성모 마리아를 어린 천사 둘이 올려다보고 있는 그림인데, 바로 이 어린 천사들의 눈짓이야말로 호기심과 흥분이 처절하리만큼 감춰진 소년들의 차가운 눈빛이다.

어린 소년들이 관조적으로, 엄숙하게 세상을 쳐다보며 비관하는 속내의 한 편에는 그들의 커다란 몸집만큼 성장하지 못한 의지에 대한 불안이 감춰져 있는 것이다.

내 안에 악마가 숨어 있다

　내 안에는 악마가 숨어 있다. 이 악마는 내가 느끼는 현재의 감정과 기분이 최선이라고 소곤거린다. 이것이 너에게 허락된 유일한 안식이라고 나를 세뇌시킨다. 나는 감정과 기분이 생태학적인 변화에 민감하다는 것을 알고 있다. 그러면서도 악마가 내 안에서 속삭이는 달콤한 이간질에 넘어가 쉽게 화를 내고, 슬퍼하고, 우울했다가도 다시 기분이 좋아지곤 한다.

　이 악마는 나와 함께 인생의 고통스러운 장면들을 목격한 나의 일부다. 선과 악은 장소와 시간을 불문하고 공존한다. 이것은 신의 결정이다. 그 결정을 나는 번복할 수 없다. 다만 최선을 다해 악마의 목소리를 어떻게든 줄여보려고 시도할 뿐이다.

Arthur

Schopenbauer

내 안의 악마는 나의 약점이 무엇인지 잘 알고 있다. 그는 나의 서러움이 무엇인지 알고 있다면서 저들이 지워버리고 싶은 너의 과거를 야비하게 비웃고 있다고 말한다. 그 음성을 듣는 동시에 나는 감정을 주체할 힘을 상실한다.

눈빛은 이글거리고, 콧김은 발정한 황소처럼 거칠어진다. 상대방이 어떤 뜻으로 내게 그런 말을 했는지 생각해볼 여유도 없다. 잠시 숨을 돌리고 내 감정을 다독거릴 기분도 아니다. 실컷 욕을 퍼붓고 난 후에야 어리둥절해 하는 그의 표정이 눈에 들어온다. 그때는 이미 후회해도 소용없다.

가끔은 내 안에서 악마를 키운 장본인이 나였는지도 모르겠다는 의심이 들곤 한다. 폭발할 듯 분출하려는 증오의 용암을 대신 뿜어줄 또 다른 나를 찾았던 것인지도 모르겠다는 생각이 들곤 한다. 만약 그게 사실이라면 이 악마는 그동안 억울하게도 악마라는 이름으로 불려왔던 나 자신이다. 나라는 인간은 필요에 따라 나 자신을 악마로 만들어왔던 셈이다. 두려운 얘기다. 소름이 돋는다. 오늘처럼 내가 저주스러웠던 날은 없었다.

불성실한 행동, 타인에 대한 불순한 태도는 그 자태가 비록 아름다울지라도 결국에는 인생을 피폐하게 만든다. 사람은 자신의 위치를 깨달아야 한다. 우리는 선량한 삶을 살기 위해 태어났다. 더욱 선량해지는 것이 인간의 목표다. 그 같은 경지에 도달했을 때 육신을 붙잡고 늘어지는 온갖 종류의 욕망과 불만에서 벗어나게 될 것이다.

어떤 사람은 법을 통해 인간은 악으로부터 벗어난다고 말한다. 하지만 이 말은 틀린 것이다. 우리가 추구해야 할 삶은 강제성에 영향을 받아서는 안 된다. 내 안에서 우러나오는 진심만이 나를 인도할 수 있다. 법과 원칙에 따른 행동은 범죄를 저지르고 싶은 마음을 되돌리는 데 불과하다. 설령 그것이 불가능할지라도 우리는 죄를 범하고 싶은 마음조차 가져서는 안 된다. 그러기 위해서는 스스로 각성하는 수밖에 없다.

Arthur

Schopenhauer

그다지 불행할 것도, 불편할 것도 없다

아픔을 모르는 기쁨은 존재하지 않는다. 패배와 좌절 없이 행복은 우리를 방문하지 않는다. 시련의 눈물 없이 웃음에 가치가 매겨지지 않는다. 아픔을 통해 배우지 않은 모든 것이 거짓이다. 적어도 "인생이란 무엇인가?"라는 질문에서 그러하다. 그 질문에 대한 모든 대답이 아픔이다.

너는 이제 아픔으로 인하여 남보다 더 성숙해지리라. 나무는 빗물을 마시고 자라며, 인간은 자기가 흘린 눈물로 갈증을 해소한다. 후회하지 말고 눈물을 거둬라. 네가 스스로 진실을 선택하게 될 때까지 씨앗을 뿌리고 삶의 밭을 일궈라.

아름다움은 상처 입은 가슴만이 발견할 수 있다. 그 벅찬 기쁨을 위해 아름다움은 저렇듯 신비한 모습으로 나의 이마 위를 떠돈다. 누구나 한 번쯤은 인생에서 동요를 느낄 때가 있다. 항구를 출발한 배는 필연적으로 파도를 거슬러야 한다. 인생도 마찬가지다. 태어남은 동요를 수반할 수밖에 없다. 흔들리지 않는 것은 인생이 아니다. 의심이 가지 않는다면 신앙이 아니다.

천부적인 재능을 타고난 젊은 청년들이 출발선을 떠나보기도 전에 인생을 포기하는 이유는 지나치게 일찍 주위를 둘러봤기 때문이다. 천부적인 재능을 타고난 주인공이 자신임에도 이 무대에서 자신이 주인공이라는 것을 깨닫지 못했기 때문이다.

인간은 모든 것이 가능하다. 신을 존재하게 만들 수도 있고, 존재하는 신을 저주할 수도 있으며, 그를 위해 목숨을 바칠 수도 있다. 그리스도를 십자가 형틀에 매단 것도 인간이었고, 그리스도의 죽음을 보고 하느님의 아들이라고 고백한 것도 인간이었다.

인간은 가장 극렬한 고통도 신의 은총으로 감사할 수 있다. 또 다윗처럼 신의 은총을 간음의 기회로 전락시킬 수도 있다. 다윗의 간음을 힐책한 예언자 나단의 말처럼 인간은 한 마리 양으로 신을 만나고, 자기 우리에 백 마리를 채우려고 가난한 농군의 어린 양 한마리를 빼앗은 후 신께 감사의 제사를 올리기도 한다.

인생에서 가장 불가사의한 현상은 오직 인생뿐이다. 우리가 현재 살아있다는 것, 살아있음을 의식한다는 것, 그리고 우리가 존재하지 못했던 먼 옛날에 감사하고, 우리가 존재할 수 없는 먼 훗날을 위해 노력한다는 것. 이는 육체의 수수께끼 같은 현상, 즉 겉으로는 멀쩡해 보이는 사람이 신경병이나 뇌전증에 걸려 고통스러워하는 모습을 보게 되었을 때 느끼는 당혹감과 유사하다.

하지만 이런 문제를 너무 심각하게 고민해서는 곤란하다. 이에 대해서는 지나치게 깊이 생각할 필요가 없다. 인생과 맺은 젊은 날의 약속을 내가 먼저 파기하지 않는 한, 우리의 인생은 나와의 계약을 어기지 않는다. 그 대신 우리는 인생이 베푸는 절망을 거부해서는 안 된다. 이를 의심하지 않는다면 인생도 그다지 불가사의한 현상은 아니다, 그다지 불행할 것도, 불편할 것도 없다.

승리의 횟수가 늘어날수록
외톨이가 되었다

요즘은 어린아이들마저 가난을 죄로 여긴다. 가난을 죄로 여기는 사상은 사냥에 성공하지 못하면 그대로 죽어야 한다는 논리가 지배하는 동물들의 세계에서나 가능한 발상이다. 이 땅에서 가난하다는 것은 수치가 아니다. 그것은 죄도 아니다. 무능력과 태만의 결과도 아니다.

가난은 원석과도 같다. 이 돌 속에 어떤 보석이 숨어 있는지 아무도 모른다. 하지만 인간은 더 이상 원석을 사랑하지 않는다. 이 돌이 무거운 의무라도 되는 것처럼 어떻게 해서든 멀리 던져버릴 기회만 찾고 있다. 이 돌을 깎고 다듬어 인생을 아름답게 꾸며볼 생각은 하지 않고 아무런 수고도 없이 타인이 깎아놓은 수고를 빼앗는 것만 계획하고 있다.

인간은 비겁해졌다. 많은 것을 소유할 수 있게 된 만큼 인간은 비겁해졌다. 가치를 몇 푼의 금화로 환산할 수 있게 되면서 인간은 비겁해지고 추해졌다. 가난이 죄로 여겨지는 시대를 살아간다는 것은 비겁해진 인간을 이웃과 친구로 둬야 한다는 것과 같은 의미다.

우리 시대의 문명이 축약된 도시는 정말이지 견디기 힘든 곳이었다. 도시에서의 생활은 신경쇠약과 두통과 불면과 소화불량으로만 기억된다. 나는 도처에서 패배했고, 새벽마다 시퍼런 적의의 칼날을 허리춤에 꽂고 거리로 달려 나갔다. 도시는 사람들과의 갈등에서 승리하는 법을 가르쳐줬다. 승리의 횟수가 늘어날수록 나는 외톨이가 되었다.

이 도시는 승리만이 나의 긍지라고 말해왔으나, 나의 긍지는 이미 오래전부터 무너지고 살해되기 시작했다. 이 도시는 어리석은 욕망의 끝자리에 나의 보금자리가 마련되어 있다고 속삭였으나, 결국 나는 도시가 말했던 욕망의 끝에 다다르기도 전에 쓰러지고 말았다.

나는 백치가 되기 전에 나만의 쓰디쓴 필연성을 찾아내고 싶었다. 생존의 이유가 반드시 존재하리라 생각했기 때문이다. 하지만 인생은 우상에 불과했다. 내 모든 것을 바쳐 빌어도 내게 줄 것이 없는 애당초 생명과는 거리가 먼 목각인형에 불과했다.

문명화된 도시에서 살아가는 데 필요로 하는 것은 진실을 판별해내는 특수한 능력이다.

문명은 우리의 삶을 더욱 활기차게 변화시켜줄 계획들로 넘쳐난다. 동네마다 조직과 단체가 있고, 거리마다 당원들의 구호 소리로 시끄럽다. 어떤 시인들은 문명 때문에 예술이 사망했다고 외치며, 소설가들은 오늘날의 문명이 새로운 예술의 시작이라고 떠들어댄다.

하루에도 수십 개의 정치단체가 우후죽순처럼 난립하는 것으로도 모자란다고 생각했는지 요즘은 종교에 귀의한 자들의 파벌싸움도 툭하면 펼쳐진다. 갈등이 갈등을 낳고, 분쟁이 또 다른 분쟁의 원인으로 제공되는 것이 이 도시와 우리 시대가 기다리고 있는 현재의 운명이다.

이런 시대를 살아가려면 좋든 싫든 정의와 거짓을 구별해낼 줄 알아야 한다. 시대가 제공하는 갈등에 휩싸이지 않으려면 갈등의 결과가 아닌 원인부터 살펴봐야 한다. 당장이라도 시대를 둘로 쪼갤 것 같은 분쟁에 휘말려 재판관 앞을 서성이고, 누구 목소리가 더 시끄러운지에 귀 기울일 게 아니라 싸움을 시작한 패거리들의 소속을 알아내야만 한다. 그것이 우리 시대에서 생존하는 비법이며, 문명의 발전에 희생당하지 않는 비결이다.

우리에게 신이 필요한 이유

그리스 사람들은 필요에 의해 신(神)이 출현했다고 여겼다. 세계가 신을 필요로 했고, 신 또한 세계를 필요로 했을 것이라는 주장이다. 신이 인간을 필요로 했고, 인간도 신을 요구했다는 개념은 인간의 가치를 최대한으로 확대해석했기에 정서적 만족을 준다. 따라서 훌륭한 가르침이다.

고대 페르시아에서는 선한 신과 악한 신의 투쟁에서 세계가 파생되었다고 믿었다. 신들의 싸움에서 태어난 인간 또한 선과 악, 둘 중 하나를 택할 수밖에 없다는 숙명론을 펼쳤다. 이 또한 수긍할 수 있다.

하지만 유대교만큼은 납득도, 용서도 못하겠다. 유대교의 신은 자기 뜻대로 이토록 비참한 세계를 만들어놓고는 자기 취미를 살려 강압적인 교리를 부과했다. 이 비참한 세계에서 오직 자기만이 행복해질 수 있는 권리를 남겨놓았다. 그는 피조물에게 속죄하지도 않고, 죽음 뒤의 불멸도 이야기 하지 않는다. 현세에서 착취당하거나, 착취하는 인간의 모습 을 구경하느라 정신이 없다. 내가 유대교를 증오하는 이유다.

라이프니츠(Leibniz, 1646~1716)가 말한 대로 이상적인 세 계에도 신은 필요하다. 한마디 덧붙이자면 그 세계에 모두를 만족시키는 신이 등장했다고 해도 사람들은 또 다른 종교, 또 다른 신을 찾아 헤맬 것이다. 지금 살고있는 세계보다 더 나은 세계를 창조할 수도 있었다는 아쉬움이 인간을 유혹할 게 뻔하기 때문이다.

우리의 뇌리에 가득한 절망과 불안이 "신이 창조한 세계 는 완벽하다"라고 외치는 자들의 논리에 반박하고 있다. 신 이 창조한 세계의 피조물 중 가장 발달한 인간이 불완전하다 는 것만큼 신의 실패를 완벽하게 증명해주는 증거는 없다. 성서의 기록대로라면 자신의 생김새를 본떠 만든 인간의 존 재야말로 신의 열악함을 확인시켜주는 논리적 결과물이라고 해야 할 것이다.

반면에 세계는 인간이 저지른 죄과의 응보이며, 인생은 그동안 인류가 저지른 죄에 대한 보복이라고 말한다면, 우 리가 사는 세계의 부조리와 잔인성에 고개를 끄덕이게 된다.

세상은 점점 더 살기 힘든 곳이 되리라는 비관론자의 주장에 공감할 수밖에 없다. 우리의 고뇌와 고통과 광기에 연민을 느낄 수 있다.

신의 존재를 인정하는 입장은 자신이 겪고 있는 불행과 고난을 신에게 떠넘길 수 있다는 점에서 편리하다. 모든 책임을 신에게 전가시킬 수 있다. 나의 어리석음도, 불우함도 모두 세계와 나를 만든 신의 잘못이기 때문이다. 세계는 인간이 저지른 죄과의 응보라고 생각하는 사람들은 불행과 방탕이라는 저주를 자기 안에서 찾아내야 한다.

이 땅은 지옥의 식민지다. 이곳은 지옥의 백성들을 공급하는 거대한 공장이다. 동시에 가장 완벽한 감옥이다. 누군가 그 사실을 말해주기 전에 우리 스스로 현실을 직시해야 하며, 받아들여야 한다. 그것만이 이 땅에서 보잘것없는 생명을 유용하게 소비하는 방법이 될 것이다.

옛 시대의 철학자들, 가톨릭의 사제들, 각 나라의 뛰어난 현자들, 바라문교의 지혜자들, 불교의 지혜자들 모두 이를 인정하고 있다. 순수한 기독교인 또한 인간이라는 생명체가 타락에서 비롯되었으며, 범죄에 의해 생산되었다고 믿어왔다. 이렇게 생각하면 인생은 설명하기가 아주 쉽다. 욕심을 부리지 않고도 만족할 수 있으며, 신의 이름을 부르짖지 않아도 우리의 영혼은 겁나지 않는다.

세상 사람 모두가 자기 몫을 기다릴 줄 알게 된다. 모순과 고통과 질병과 불행은 하필이면 나를 찾아온 저주스러운 운명이 아닌 언젠가는 만나는 게 당연한 내 삶의 일부로 인정하게 된다. 그것이 우리가 실천할 수 있는 유일한 속죄다. 신을 대신해 우리가 이 세계에 베풀수 있는 유일한 안식이다.

나를 포함한 모든 인간이 도덕적으로 가련한 존재들이다. 거울 속 얼굴만 쳐다보고 있어도 금방 알 수 있는 일이다. 그 때문에 수치스러워할 필요도 없고, 격분할 필요도 없다. 사실 그대로를 인정하고 거울 속 나의 얼굴을 너그러이 용서해주었듯이 문 밖의 사람들에게 용서를 베풀면 된다. 홀로 십자가를 짊어질 필요가 없는 것이다.

인류가 우리에게 기대하는 바가 없다는 것은 이 비참한 세상에서 그나마 위안이 되는 축복이다. 앞으로 우리는 서로의 이름을 부르는 대신 "고통받는 자여"라고 불러야 할 것이다. 그 이름이 인간의 형상에 더 어울리기 때문이다.

인생의 전반기는 행복에 대한 갈망으로 꿈틀거린다. 그래서 행복을 가졌다고 말하는 자들에게 맹목적으로 헌신한다. 신에게 집착할 때도 바로 이 무렵이다. 물론 청춘의 신은 그 모습이 매우 다양해서 때로는 술집에, 때로는 도서관에,

Arthur

Schopenbauer

때로는 지갑에 도사리곤 한다.

그러나 생의 후반기가 되면 갈망은 공포로 바뀐다. 인간은 누구를 막론하고 생의 후반기에 접어들면 행복은 신의 망상이며, 신이라고 여겼던 존재야말로 고통의 근원이었음을 깨닫게 된다. 삶의 지혜를 구하고 싶다면 먼저 욕심을 버려야 한다. 내 안에서 신의 자리부터 없애야 한다. 향락과 풍요와 건강을 탐하기보다는 차라리 덜 고통스러워지기를 소망해야 한다.

부강한 국가가 국민의 행복은 아니듯
강력한 국가가 국민의 힘은 아니다

국가가 자행하는 부정과 박해와 굴욕이 국민을 더욱 강하게 만든다. 부강한 국가가 국민의 행복은 아니듯 강력한 국가가 국민의 힘은 아니다. 국가와 국민의 갈등은 여기에서 시작된다.

국민이 강한 나라는 강하다. 국민이 부유한 나라는 부강하다. 하지만 이와 반대로 국가의 강력함은 국민을 옥죄고 착취하는 데 유용하게 쓰인다. 국가의 부유함은 부유한 국민의 자발적인 참여에 의존하기보다는 빼앗고 착취하는 데서 시작되는 경우가 더 많다. 그래서 국민은 국가를 신뢰하지 못하고 국가는 국민을 불안 요소로 다룬다.

국가는 국민을 설득하는 것보다 강제로 억압하는 데 열을 올리고, 국민의 의견을 통합하기보다는 분열시키고 이간

Arthur

Schopenhauer

질하는 데 더 능숙한 재능을 발휘한다. 오늘날 사람들의 마음이 편협해지고, 내 한 몸과 내 가족만 편하게 살면 된다는 이기심이 당연하다는 듯 통용되기까지 국가의 공로가 가장 컸다고 할 수 있다.

국가는 경제가 발전하고 산업이 일어나면 국민의 소득이 향상되어 이전보다 더 풍족해진다고 말한다. 경제발전이 빈부격차를 해소하고 모든 이에게 공평한 수입으로 돌아간다는 청사진만 남발하는 것이다.

하지만 경제가 발전한 결과로써 국민은 더욱 이기적으로 변모했다. 가진 자는 더 많은 것을 가지려고 눈에 불을 켜고, 못 가진 자는 가진 것이라도 빼앗길까 봐 난폭해진다.

계층과 계층이 분열되고, 세대 간의 의사소통은 오래전부터 단절되었다. 한 국가 안에 여러 개의 국가가 동시에 존재하는 상황이 발생하게 된 것이다. 부자들의 나라, 가난한 자들의 나라, 늙은이들의 나라, 젊은이들의 나라가 쉴 새 없이 충돌하고 비난하고 전쟁을 준비한다.

이를 관리해야 할 국가는 한발 더 나아가 능력이 없어서 못 가진 것이고 힘이 없어서 빼앗겼으니 부당하게 생각하지 말라며 법과 공권력으로 사람들을 위협한다. 이 나라가 더욱 걱정스러운 까닭은 자라나는 젊은 세대들이다. 그들의 이기적 경향은 이미 도를 지나쳤다. 자기보다 못한 사람들을 동정하고 이해하기는커녕 빈부의 격차는 당연한 것 아니냐는 반응이 지배적이다. 젊은 세대가 추구하는 보람 있는 삶은 인간적인 면을 상실한 권력자로서의 아집과 횡포다. 젊은 세대는 태어나면서부터 냉혹한 경쟁에서 살아남는 법을 배운 것 같다. 삶의 전쟁이라도 한 듯이 승리자는 모든 것을 소유하고 패배자는 도태시켜버린다. 그런 세대에게 미래를 맡겨야 한다는 것이 불안하기만 하다. 그런 세대가 만들어갈 미래가 두렵기만 하다. 국가도 즐거워할 때만은 아니다.

이들 젊은 세대가 사회의 주축으로 성장하면 우리 세대처럼 국가가 무엇을 시키든 고분고분 따르지는 않을 것이다. 벌써 미래의 혼돈이 보이는 것 같다. 미래는 국가와 국가의 전쟁이 아닌, 국가와 국민의 전쟁으로 뒤덮이게 될 것이 분명하다.

내가 서 있는 이곳이 과연 인간들의 세계인가, 혹은 들개들의 사냥터인가, 혼란스러울 때가 많다. 인간의 탈을 쓰고 군침을 흘리는, 그 핏발 선 맹수의 본능을 감추지 못하는 들개들과 함께 살아가느니 차라리 한 그루 나무 곁에서 생을 마감할 수 있었으면 좋겠다.

약한 자의 숨통을 끊어놓아야 안심이 되는 먹이사슬에

포함되느니 한적한 시골로 내려가 남은 인생을 조용히 정리하는 편이 낫겠다는 생각이 든다.

그러나 이것은 용기가 아니다. 도피는 용기가 아니다. 총칼로 무장한 권력 집단에 굴복하느니 내가 가진 모든 것들을 버리고 동굴에 유리되겠다는 선각자적인 회피는 진정한 용기가 아니다. 도피가 용기라면 자살을 결심한 사람만큼 용감한 자는 없을 것이다.

자살을 결심한 사람은 두려움을 모른다. 자살을 결심한 사람은 거리낌없이 다리 위로 올라가고, 건물 꼭대기를 정원처럼 서성이고, 극약도 냉수와 함께 삼켜버린다. 몸에 석유를 뿌린 채 화로 속으로 뛰어들기도 하고, 총알이 비처럼 쏟아지는 전쟁터를 유유히 걸어 다닐 수도 있다. 그는 삶을 거부했기에, 삶으로부터 도피하는 것이 삶의 목적이기에, 죽음과 관계된 그 어떤 일도 두려워하지 않는다.

하지만 우리는 자살을 결심한 사람들을 용감하다고 말하지는 않는다. 그는 삶이 두려워 죽음을 선택한 것이기 때문이다. 죽음이 두려워 삶을 선택한 우리들도 마찬가지다. 죽음이 두려워 삶을 선택한 우리들도 용기가 없기는 자살을 선택한 자들과 다를 바 없다.

용감한 도피는 좌절과 허무에서 비롯된다. 시대의 권력

을 버리고 시골로 내려가는 것은 권력 앞에 무릎을 꿇는 것이 두려워서다. 어떤 사람은 때를 기다리는 것이라고 말한다. 적당한 시기가 올 때까지 물러서는 것뿐이라고 말한다. 도피가 아니라고 한다.

그러나 기다림 또한 피동적이기는 마찬가지다. 적당한 시기는 내가 만드는 것이다. 지금이 적당한 그때인지, 아니면 좀 더 기다려야 하는지를 결정하는 것은 시대가 아닌 나 자신이다.

오늘날처럼 집단적인 용기가 결여된 시대도 드물 것이다. 사람들은 서로 반문한다. 조직화된 사회에서 너의 개인적인 용기가 무슨 소용이 있느냐고, 너의 용기가 이 세상에 어떤 작용을 일으킬 수 있느냐고, 이 한 목숨 잘 간수하는 것이 너의 용기라고….

그렇게 우리는 용기를 상실했다. 상실한 것이 아니라면 감추고 있는 것이다. 우리는 태어나던 날 각자의 품에 용기의 씨앗을 뿌렸다. 우리가 그것을 의식하고 있든, 모르고 지나쳤든 우리의 운명은 우리 품에 뿌려놓았던 씨앗을 키웠다. 출세와 명예만을 도모하지 말고 천천히, 그리고 조금씩 욕망을 덜어내고 우리의 삶에 충실해진다면 용기는 저절로 솟아날 것이다.

Schopenbauer

Arthur

우리가 용기의 이름을 부르지 않더라도 용기는 자신의 날에 스스로 일어날 것이다. 한 사람의 용기가 위대한 이유는 그의 용기가 다른 사람의 용기도 깨우기 때문이다. 십자가를 두려워하지 않았던 그리스도의 용기가 무지한 자들에게 죽음을 두려워하지 않는 용기를 주었듯이 나의 용기가 이 시대를 구원할 수도 있다.

운명은 우리가 그리스도를 닮아야 한다고 말한다. 우리에게도 십자가를 두려워하지 않는 용기가 있다고 말한다. 지금이야말로 나의 용기가 필요한 때라고 말한다. 내가 서 있는 이곳이 나의 용기를 필요로 하는 그곳이다. 우리가 깨달아야 할 또 하나의 의무다.

죽음마저도 자연의 일부이다

우리의 인생이 낮에 잠깐 꾼 꿈과 같다면 우리가 태어나기 전과 죽은 후에 펼쳐진 무수한 시간은 끝나지 않은 기나긴 밤과 같다. 겨울을 앞둔 곤충의 삶을 관찰해보자. 어떤 녀석은 동면을 대비해 굴을 파고, 어떤 녀석은 내년 봄의 부활을 위해 고치가 되기도 한다.

그리고 곤충 대부분은 겨울과 함께 찾아온 죽음의 신(神)에게 안겨 영원히 수면에 들어간다. 그 전에 적당한 곳에 알을 낳는 것으로 태어남의 의미를 확인한다.

이것이 자연의 법칙이다. 자연은 삶과 죽음이 본질적으로 차이가 없다는 것, 죽음이 삶을 위태롭게 만들지 않고, 삶이 죽음을 비굴하게 만들지 않는다는 것을 가르쳐준다. 곤충이 알을 낳고 동면에 들어가는 것과 알을 낳고 그 밑에 사체로 쓰러져 다음해 봄에 태어날 새끼들에게 먹이로 공급되기를 희망하는 것은 밤에 내일 입을 옷과 먹을 음식을 준비하는 인간의 생활과 다를 바 없다.

우리를 둘러싼 거대한 자연은 개체의 삶과 죽음이 자신과 관련이 없으며, 특별히 관심을 가진 적도 없다고 말한다. 그 증거로 동물과 인간의 생명은 사소한 우연에 맡겨져 어이없이 죽어간다.

지금 당장 거리로 나가보라. 이름 모를 벌레들이 기어 다닌다. 당신의 걸음이 한 발자국만 어긋나도 그 벌레는 삶에서 죽음으로 옮기어진다. 풀잎 사이를 느릿느릿 기어가는 달팽이를 보라. 몸을 움츠려 도망칠 수도, 뿔과 턱으로 자기보다 약한 생물을 사냥할 수도, 동굴에 숨을 수도 없다. 달팽이 집에 몸을 숨기는 게 고작이다. 다른 생물의 질 좋은 먹잇감으로 사냥당하는 운명에서 벗어나지 못한다. 그래도 달팽이는 여전히 풀잎 사이를 힘겹게 기어 다닌다.

그런가 하면 물고기는 우리가 손으로 움켜잡을 수 있는 개울가를 유유히 헤엄치고 다니지만, 손으로는 잡기 힘들다. 몸집이 둔한 두꺼비는 개구리와 똑같은 모양새의 뒷다리가 있지만 뛰어오르지 못하고, 애써 잡목 틈에 둥지를 만들고 새끼를 쳐도 매는 공중에서 이 어린 것들의 목숨을 노린다.

갈대와 비슷한 색깔로 위장한 사슴도 늑대의 코를 피하지는 못한다. 강한 동물은 약한 동물의 피와 살로 연명하고, 약한 동물에게는 강한 동물의 발톱과 이빨에 대항할 만한 방어 수단이 없다. 시시각각 다가오는 생명의 위협에도 무심히 풀을 뜯고 물가를 거닌다.

자연은 그의 피조물들을 알몸으로 내쫓았다. 약한 피조물은 강한 피조물의 위장을 채워주기 위해 생존을 연명해도 자신의 처지에 낙담하여 스스로 생을 포기하지도 않는다. 자연은 그들을 불쌍히 여기지도 않아서 맹목과 우발과 우연에 피조물의 한 번뿐인 생애를 의탁하고 있다.

자연이라는 우주의 어머니는 자신이 낳은 자녀들을 무수한 위험과 고난 앞에 방치한 채 방관만 하고 있다. 그들이 죽더라도 다시 자기 품으로 돌아오는 것을 알기 때문이다. 우리의 죽음은 자연에게는 태어난 곳으로 돌아오는 회귀, 오랜 방황 끝에 집으로 돌아온 귀소(歸巢)일 뿐이다.

이 말은 인간에게도 고스란히 적용된다. 자연은 우리를 낳은 부모인 동시에 우리를 죽음으로 몰아가는 최대의 위협이다. 우리의 삶과 죽음은 이 거대한 자연에게 아무런 영향도 미치지 못한다. 우리의 죽음에 자연이 상심하는 법은 없다. 우리의 죽음마저도 자연의 일부이기 때문이다.

Arthur

Schopenbauer

개체의 죽음을 고찰했으니 이번에는 인류라는 종족에게로 눈을 돌려보자. 우리 앞에 가로놓인 아득한 미래에도 우리와 같은 모습의 세대들이 출현하게 될 것이다. 그들은 우리와 동일한 풍속, 다른 개인으로 우리와 같은 죽음을 맞이하게 될 것이다. 그들을 생각했을 때 한 가지 의문이 생긴다.

"그들은 어디에서 오는가? 그들은 지금 어디에 있는가? 세계를 잉태하고 미래를 출산하는 허무와 풍요는 어디에 숨어 있는가?"

나의 의문에 자연은 이렇게 답변한다.

"실재가 있는 곳, 즉 현재의 내부, 현재에 존재하고 있는 사물의 안쪽이다. 너의 안쪽, 이토록 멍청한 질문을 던지는 너의 안이다. 너는 본성을 잊어버린 채 가을에 낙엽이 지는 모습을 보며 슬퍼하지 않고, 봄에 나뭇가지마다 초록빛으로 새롭게 단장하는 모습을 보고도 위로받지 못한다. '저 나뭇잎은 내 것이 아니다. 내 것과는 다르다'라고 혼자 괴로워하고 있다."

나뭇잎이 계절에 따라 순환하듯 우리도 살고 죽는 문제에 구애받지 말아야 한다. 인간에게 해줄 수 있는 말은 오직 이것뿐이다.

부처는 밥을 지을 때도 온정성을 쏟는다

스무 살 이후 멈춰버린 몸의 성장을 대체하기 위해서는 정신의 성숙이 필요하다. 정신의 성숙이란 의지로써 마음을 만드는 것이다. 20년간 형성된 의지의 표상으로 이후의 5~60년을 살아간다는 것은 수학의 기본개념만 깨우쳐도 불가능하다는 것을 알 수 있다. 인간에게 성장 이후의 성숙이 필요한 까닭이다. 이 성숙의 결과가 의지와 직결된다.

의지를 상실한 인간, 다시 말해 성숙에 도달하지 못한 인간은 축적된 의지를 허비하며 하루살이처럼 연명한다. 그 결과 의지의 활력은 세월이 흐를수록 부족해지고, 심신의 불안정으로 미풍에도 인생은 부표처럼 떠올랐다 가라앉기를 반복한다.

사소한 일을 목전에 두었다고 해서 우리의 마음조차 사

소하게 만들어서는 안 된다. 이는 자신의 마음이 사소해지는 원인이다. 하찮은 것들은 비뚤어져도 상관없다는 생각은 자신을 비뚤어지게 만드는 추진력이다. 비록 하찮은 실천이라도 그 마음만큼은 존귀하다.

부처는 하다못해 밥을 지을 때도 정성을 다 쏟았다. 그 모습을 보고 제자가 부처에게 물었다. "사람이 어찌 이렇게 살 수 있습니까? 무슨 수로 그 모든 일에 열심을 다 한단 말입니까?" 그러자 부처는 "사람으로 태어난 나의 처지가 미천하여 천한 일도 마다할 수 없기에 마다하지 않는 것뿐이다."라고 대답했다.

성인으로 추앙받는 부처도 그리하였거늘 보통 사람에 불과한 우리의 삶이 경중을 따져 의지도 경중으로 나눈다는 것은 마음의 병, 다시 말해 의지가 병들었다는 것이 된다.

청소처럼 하찮은 일은 그 결과가 어찌 되었든 내 인생과는 아무런 상관이 없다고 믿어버리는 것이 보통 사람의 일생이고, 청소일지라도 최선을 다한다면 겉만 닦고 끝나는 게 아니라 나의 내면과 정신이 닦여져 인생이 더욱 풍요로워진다고 믿었던 것이 성현들이 보여준 불굴의 의지다.

이를 뒤집어 생각했을 때 하찮은 일에도 최선을 다하는 것은 의지의 출현을 연습하는 중요한 행사라고 할 수 있다.

일생일대의 대사건이 발생하기를 기다리며 힘을 비축하는 것은 말이 좋아 비축이지 방관에 지나지 않는다. 과거의 성현들은 하찮은 일에도 최선을 다했기에 큰일이 닥쳤을 때 이를 두려워하지 않고 자신의 의지를 관철할 수 있었다.

반면에 이름도 남기지 못하고 사라진 보통 사람들은 하찮은 일을 하찮게 생각하며 의지와 상관없다고 안일하게 여겼다가 결과적으로 일생을 하찮게 보냈다고 할 수 있다.

Arthur Schopenhauer

사람들이 나를 보지 않더라도
정직할 것

나는 스스로 시련을 내린다. 아무도 모르는, 증인이라고는 오직 나밖에 없는 시련. 예를 들자면 이렇다. 사람들이 나를 보고 있지 않더라도 정직히 행할 것. 나 홀로 있어도 예의를 갖출 것. 듣는 사람이 없어도 거짓말을 입에 담지 않을 것. 내 것이라고 생색내지 않고 몰래 나눠줄 것. 그들이 내게 실수를 저질렀어도 가르쳐주지 않을 것 등등.

내가 나에게 부여한 이 모든 시련을 이겨냈을 때, 나는 나 자신을 새롭게 평가하게 될 것이다. 내가 남보다 고상한 사람임을 확신하게 될 것이다. 스스로에 대한 확신이 나의 자존심을 정당하게 만들어줄 것이며, 나는 나의 자존심을 떳떳하게 자랑스러워하게 될 것이다.

그리고 이런 변화를 통해 나는 자신감이 충만한 사람으

로 거듭나게 될 것이다. 이것이 내가 나에게 베풀 수 있는 가
장 큰 보상이다.

국가는 길들여지지 않는
인간을 두려워한다

    인간을 포함한 지상의 생물에게는 한 가지 공통점이 있다. 동틀 무렵부터 부산하게 움직여야 한다는 것이다. 이 같은 활동의 원인을 찾자면 생존을 위해서다. 더할 나위 없이 물질적인 활동이며, 극단적으로 말해서 배설행위를 위한 사전 예비 동작과도 같다. 지상의 생물들은 배설을 위해 아침부터 저녁까지 거의 모든 시간과 정력을 '먹이'에 소비한다. '먹이'가 곧 목숨이기 때문이다.

    지상의 생물들이 '먹이'라는 가학적 본성에서 자유로워지는 방법이 있다. 선택받은 소수의 동물과 식물, 그리고 절대다수의 인간이 누리고 있는 혜택인데, 굴종이다. 동물원의 네발 달린 짐승과 새, 어류, 한겨울에도 봄날의 따뜻한 온기가 무한정 베풀어지는 식물원의 장미꽃, 그리고 사회정의와 규범을 신봉하는 인간이다.

'먹이'의 공급은 자유를 포기했을 때만 주어지는데, 자유를 포기할 만큼 매혹적인 혜택이기에 동물원 우리에 갇혀 사육사가 던져주는 날고기 맛을 알아버린 맹수와 어항에 갇혀 사료로 끼니를 해결하는 데 익숙해진 돌고래와 교육을 통해 사회성이라는 그럴듯한 단어로 포장된 '순치화(馴致化)'를 통과한 인간은 야만의 들판에서, 폭풍우가 몰아치는 바다에서, 고독에서 살아남지 못한다.

야만의 들판이, 파도가 휘몰아치는 바다가, 고독이 그들에게 자유를 선사하지만, 우리에 길든 맹수와 돌고래와 인간에게 자유는 죽음으로 향하는 가장 빠른 길이자 그들의 평화롭고 안정된 일상에서 '먹이'를 앗아간 원수다. 자유가 그들에게는 형벌이 되는 것이다.

동물원과 식물원과 국가사회가 먹이 공급에 열중하는 이유는 본능을 억제시키기 위해서다. 들판을 노니는 사슴을 사냥하기 위해 맹수에게 날카로운 어금니와 발톱이 주어졌고, 거친 파도에 밀려 해안으로 떠내려가지 않기 위해 돌고래의 힘줄은 지느러미가 되었고, 초식동물의 혓바닥에 휘감기지 않기 위해 장미에게는 가시가 주어졌다.

그리고 고독을 발견하기 위해 인간에게 니힐(nihil), 즉 허무가 주어졌다.

생의 허무를 모르는 인간은, 생활에서 고독을 경험하지 못한 인간은 모두 길들여진 타인이다. 그 자신에게 그의 현재는 그의 본성과 대립하는 타인이다. 그가 '먹이'에 집착하면 집착할수록, 먹이라는 환경에 안도하며 안주할수록 그는 스스로에게 영구적 타인으로 남는다.

국가는 자신을 위협하는, 길들여지지 않은 인간을 길들이기 위해 빵을 던져주고 있다. 그 빵을 먹이로 나날이 성장하는 것은 내 안의 타인이다. 그는 나의 이름으로 가족 곁에 머물고, 나의 얼굴로 거리에서 사람들과 인사를 주고받으며, 나의 목소리로 신앙을 고백하고, 나의 입술로 당나귀처럼 빵을 집어삼킨다.

그리고 어느새 민중이라는 이름으로 불리게 된다. 이쯤되면 사회는 하루에 던져주는 빵의 개수를 줄이면서 민중이 허기진 배를 느낄세라 채찍질을 가한다. 아픔으로 공복을 잊게 해주는 것이다. 그 은혜에 감사하며 민중이 된 타인은 고독보다 아픔을 선택하고, 사회는 형벌의 채찍 후에 몇 개의 마른 빵으로 민중을 달랜다. 6일간의 채찍질과 일요일, 단 하루의 빵이 우리가 고독을 두려워한 결과였다. 자유를 결핍보다 두려워한 대가였다.

필라델피아의 어느 감옥에서는 소란을 일으킨 죄수들에게 고독을 처방한다고 한다. 그랬더니 상당수 죄수들이 스스로 목숨을 끊었다고 한다. 인간을 인간답게 키워주는 고독이라는 기름진 밭이 지옥보다 더한 곳으로 변질되었다. 나는 이런 세상이 두려워서 견딜 수 없다.

스스로 생각하는 사람은 군주와 같다

걷고 있다는 것은 쓰러지지 않기 위해 두 발을 번갈아 가면서 움직이고 있다는 인간 행동의 한 가지다. 서 있다는 것은 밑에서 무엇인가가 우리를 떠받치고 있다는 뜻이며, 우리의 육신이 살아있다는 것은 단지 죽기 위해 시간을 흘려보내고 있음과 동일하다. 살고 싶다는 욕망은 죽음과의 거리가 좁혀지는 시기를 최대한 늦추고 싶다는 두려움의 반응이며, 우리 인생은 필사적으로 죽음을 연기하고 있는 것일 뿐이다. 죽음의 공포가 철학의 근원이며, 종교는 우리의 죽음에서 시작된 잠시의 위로에 지나지 않는다.

책과 학문, 기술의 습득이 우리를 구원해주리라고, 구원까지는 아니더라도 최소한 인간답게 죽음을 맞이할 수 있게끔 지원해 주리라는 기대는 버려야 한다. 책을 읽는다는 것은 결국 나의 머리가 아닌 책을 쓴 자의 머리로 생각하겠다는 뜻이며, 학업은 누군가가 걸어가며 좌절했던 절망을 희망 삼아 스스로를 속이는 행태임을 명심해야 한다.

수만 권의 책을 읽은 자의 머릿속에는 수만 명의 사람들이 서식하고 있지만, 정작 그 자신은 그의 머릿속에 방 한 칸 마련되어 있지 않다. 스스로 사색하고, 스스로 욕망하고, 스스로 포기하는 자만이 고통 없는 죽음을 만끽할 자격이 있다.

스스로 생각하는 사람은 군주와 같다. 그는 타인의 힘을 빌리지 않고도 자신의 성을 지켜내고, 독립된 지위를 누리고, 그에게 명령하는 자의 목소리에 귀를 기울이지 않는다. 그의 삶은 스스로 판단한다.

군주가 법을 정하고 백성에게 공표하듯 그는 자신에게 주어진 시간 속에서 절대 권력을 쟁취한다. 그에게 용기와 자신감, 지혜를 주는 원천은 바로 자기 자신이다. 그에게는 세상을 이해하고 조립하는 명확한 근거가 있다. 바로 자기 자신이다.

군주가 타국의 왕이 명령한다고 해서 굴복하지 않듯이 스스로 생각하는 사람은 정치적 권위를 인정하지 않고, 직접 확인한 참만을 인정하며 승인한다. 눈동자가 다른 누군가를 쫓는 순간, 낡은 관념이 그의 삶에서 재탕될 것이다.

Arthur

Schopenhauer

독창적인 인생은 독창적인 사상을 통해 실현된다. 독창적인 사상은 의지로 통일된 체계에서 태어난다. 스스로 한 권의 위대한 철학책이 되는 것이다.

인생은 대수의 공식이 아니다. 인생은 시와 같은 예술의 한 갈래다. 직관의 세계에서 누구도 흉내 못 낼 아름답고 독창적인 시 한 편이 탄생하듯 직관의 파악으로부터 인생은 시작되는 법이다. 그렇지 못한 시간들은 삶이 아니다. 죽음을 향해 끌려가는 도살장의 울부짖는 발걸음일 뿐이다.

'고독'과 '권태'는 나의 말이 되었다

인간에게는 자기만의 '말'이 있다. 늘 마음속에 그 말을 간직한 채 살아간다. 어디를 가든, 누구를 만나든 시간과 장소에 구애받지 않고 그 말을 혀와 몸과 의지로 표현하며 살아갈 수밖에 없다. 이처럼 인간에게는 자기만의 '말'이 있다.

어떤 사람에게 그 '말'은 하나의 단어일 수도 있고, 구절일 수도 있고, 문장일 수도 있고, 책 한 권이 될 수도 있다. 어쨌든 한 가지 분명한 사실은 이 '말'이 그의 전부라는 것이다. 다른 어떤 말과도 비교할 수 없고, 바꿀 수 없는 그의 유일한 존재라는 점이다.

이 '말'은 나만의 것은 아니다. 다른 사람들도 때에 따라서는 이 말을 사용한다. 나보다 더 빈번히 사용하는 사람도 있다. 그들에게 이 '말'은 기호다. 자신의 감정과 사상을 표현하는 데 필요한 수단일 뿐이다. 그러나 내게 이 '말'은 단순한 기호가 아니다. 이 '말'은 엄연한 생명체다. 나의 신체와 영혼과 정신에 결합된 생명의 근본이다.

그 '말'이 처음부터 생명이었던 것은 아니다. 처음부터 살아있던 것은 결코 아니다. 내 영혼이 이 '말'을 받아들이게 되면서 이 '말'은 나의 생명이 되었다. 내게 이 '말'은 영원한 수수께끼이며, 이해할 수 없는 비밀이며, 내 일생을 다 바쳐 섬겨야 하는 인내이며, 나를 살아가게 하는 용기이다.

이 '말'과 함께 하는 시간이 길어질수록 나는 이 말을 사랑하게 된다. 이 '말'이야말로 내가 탐구했고, 파악하려 했던 나의 실체가 아닐까, 라는 생각까지 하게 되는 것이다.

간혹 이 '말'로부터 도피하고 싶은 때가 있다. 세상이 출입구가 없는 미로처럼 느껴질 때, 좌절과 절망이 나를 포위한 것 같을 때, 손을 내밀어도 내 곁에는 아무도 없다는 것을 알았을 때 나는 이 '말'로부터 도망치고 싶어진다.

하지만 결국에는 다시 이 '말'로 돌아와야 한다는 것을 나는 안다. 내 지친 영혼을 받아주는 것은 오직 이 '말'뿐이기 때문이다. 내가 누구인지를 말해주는 것은 오직 이 '말'밖에는 없기 때문이다. 내가 왜 이리도 힘들게 살아야 하는지를 가르쳐주는 것은 오직 이 '말'이었기 때문이다.

아무리 외로워도 그 '말'이 내 곁에 있으면 나는 안심이 된다. 이 세상에 나 혼자라는 생각이 들 때도 그 '말'을 떠올리면 나는 빙그레 웃음이 난다.

그렇다. 나의 '말'은, 내가 사랑하는 그 '말'은, 나의 영혼일 수밖에 없는 그 '말'은 '고독'과 '권태'다. 어느 날 예고도 없이 내 영혼에 계시처럼 나타났다. 그때의 광경이 지금도 눈에 선하다. 바로 어제 일처럼 내 기억 속에서 또렷하다.

'고독'과 '권태'라는 말을 처음 듣게 되었을 때, 나는 내 영혼이 떨리고 있음을 느꼈다. 그 떨림이 '고독'이라는 낯익은 단어에게 생명을 주었고, 내 생명의 반을 '권태'에게 나눠줬다.

그때부터 '고독'과 '권태'는 나의 말이 되었다.

인생에서 가장 위험한 시기는 권태가 찾아올 때다. 권태는 정해진 기한이 없으므로 한 번 시작되면 여간해서는 벗어나기 힘들다. 목표가 없는 삶에 탈선의 위험이 있다면 권태에 젖은 생활은 정신을 마비시키는 관능주의에 빠질 우려가 있다. 목표가 없는 사람은 인생의 가치를 고민하지 않는다.

권태에 빠진 인간은 이 무의미한 하루가 24시간이나 지속된다는 데에 고통스러워한다. 이 고통을 견뎌내려고 권태로운 인간은 자극을 찾는다. 초점이 흐려진 권태로운 인간의 눈에는 야심, 권력, 소유, 관능에 대한 집착 등이 무의미한 하루를 버틸 수 있게 도와주는 진정제처럼 보인다.

진실은 인간을 만족시키지 못한다. 진실이 보여주는 단순한 일상은 인간을 무료하게 만들기만 한다. 인간의 사고체계는 지나치게 복잡해서 동물과 달리 쉽게 권태를 느끼고 나태해진다. 그래서 인간은 무료한 일상을 달래려고 좀 더 바쁘고, 좀 더 흥분될만한 색다른 자극을 찾아 나서게 된다.

인간이 아무리 애를 써도 삶은 기껏해야 두 종류뿐이다. 권태에 시달리든지, 고통에 시달리는 것이다. 권태도 반복되다 보면 고통이 되고, 잦은 고통도 시간이 지나면 무감각한 권태가 된다. 어차피 인간은 권태로운 존재다. 우리가 기쁨보다 고통을 사랑해야 하는 이유다. 처음에는 괴롭겠지만, 언젠가는 기쁨을 경계하고 두려워하는 단계에 도달하게 될 것이다. 이런 단계에 도달하면 인생은 더는 고통스럽지도, 권태롭지도 않은 평범한 그 자체가 된다. 그것으로 고난은 끝이다.

어떤 사람들은 수동적인 인내와 스토아적인 무상(無想)의 신념으로 그 같은 경지에 도달할 수 있다고 말하는데, 인내는 고통을 극복하는 바람직한 태도가 아니다. 단순히 참고 견뎌낸다는 것은 굶주림에 대한 효과적인 처방이 아니다. 더 오래 참을수록 허기는 극심해지고, 더 오래 버틸수록 영혼은 피곤해진다.

고통과 권태에 대한 두려움은 믿음이 약해졌다는 신호다. 두려움을 극복하는 방법은 의지밖에 없다. 인생이 두려운 까닭은 나의 의지를 믿지 못하기 때문이고, 사람이 두려운 까닭은 그의 의지가 나를 지배하게 되리라고 믿고 있기 때문이다.

나의 의지를 믿기만 한다면 인생은 두려울 이유가 없다. 상대방의 의지를 인정하지 않는다면 그의 말과 행동에서 내가 고통받을 이유가 없다.

두려움은 극복의 대상이 아니다. 두려움은 치유해야 할 질병이다. 이것은 감기와 같다. 감기에는 특별한 약이 없다. 내 몸의 항체를 활성화시키는 것이 감기에 대항하는 유일한 처방이다. 두려움도 특별한 처방이 있거나, 효과가 뛰어난 약을 먹는다고 해서 개선되는 것은 아니다. 나의 의지가 세상에 대한 불신으로 가득해질 때까지 기다리는 수밖에 없다.

Schopenbauer

Arthur

철학은 자명한 이치에 대한 반항이다

철학은 삶에 용기와 결단을 준다. 그리고 삶은 우리에게 철학을 통해 정신의 여유를 보상한다. 철학이 가장 필요로 하는 것은 여유로운 마음가짐이다. 철학이 우리에게 요구하는 것은 다음과 같은 두 가지 사항이다.

첫째는 어떤 성과에도 낙관하지 말라는 것이다. 기쁨과 열망을 마음속에 간직하는 사람은 세계라는 대상을 향해 아무런 의문도 품지 못한다. 철학은 우리에게 질문을 요구한다. 그것이 곧 용기이기 때문이다.

둘째는 자명한 이치에 대한 반항이다. 그것이 진리일지라도 외부의 강압에 의해서라면 거부할 줄 알아야 한다. 그것이 인간의 정신이다. 인간의 정신은 그 어떤 목적에도 구애받아서는 안 된다. 목표를 쫓아가서도 안 된다. 욕망이라는 의지와 어깨를 견줘서도 안 된다. 인생이란 우리의 내면에서 세계를 하나로 통일시키는 고유한 직관의 연속이다. 직관이라는 단어가 낯설다면 계시를 떠올려도 좋다. 삶의 순간들에서 찾아오는 계시를 우리는 받아들일 줄 알아야 한다.

이 시대의 철학자들, 혹은 지식인들, 혹은 정치인들, 혹은 종교인들은 그들의 개인적인 이해관계에 더 많은 계시를 반영하고자 타인의 삶에 억압된 계시를 남발한다. 그들이 우리 같은 일반인에게 보여주는, 보다 나은 삶에 대한 계시는 결코 우리 스스로 쟁취한 직관이 아니다. 우리가 보고 느끼고 깨닫고 발견한 깨우침이 아니다. 그들이 보여주는 모든 계시는 그들 자신의 것이다.

따라서 보이는 것들을 추종하는 삶은 언제가 됐든 한계에 갇혀버린다. 그로 인해 우리 주변에 흩어져 있는 수많은 진실을 알아보지 못하게 된다.

일생에 단 한 번이라도 자신의 삶에서 철학적인 문제와 맞닥뜨려 나만의 계시로 이를 뛰어넘고자 소망하는 사람이라면 그들의 철학에서 벗어나야 한다. 내면의 성찰은 용기와 결단에 의해서만 이루어진다. 그리고 용기와 결단은 인간의 정신활동 중에서 오직 개인적인 철학을 추구했을 때 곁에 남는다.

스스로를 사색하지 않는 자에게 스스로를 돌아보고 반성하고 수정하는 능력과 용기는 주어지지 않는 법이다.

하지만 인생은 세월이 흐를수록 대중이라는 이름 앞에 굴복하기 마련이다. 명성이라는 권력에게 자발적으로 권위를 수여하기 마련이다. 대중과 명성이라는 이름이 새겨진 모든 상황에 극도의 존경을 표하려고 야단들이다. 자신의 무가치한 행실에 한 점의 반성도 보여주려고 하지 않는다. 명예와 물질적 풍요를 위해 배움을 팔아먹는 이 세상의 대다수 철학자들이 기대하는 대로 '철학'을 사회와 국가와 강단에 맡겨버린다.

시인에게는 자신의 앞날에 닥칠 상황들을 미리 가늠할만한 능력이 있다. 시인은 예지 능력으로 발굴해낸 미래의 자기 모습을 책상 위에 펼쳐놓고 자신의 정신 수준이 미치는 범위 안에서 마음껏 유린한다. 이런 특수한 능력 덕분에 시인은 자신과 다른 부류의 인종들, 예를 들어 현자와 철학자를 동시에 만족시킬 수 있었다.

이와 반대로 우리 시대의 철학자는 시인처럼 인생을 확인시켜주지 않는다. 각자의 삶이 아닌 오직 그의 삶에서 끌어낸 그의 완성된 사상을 우리에게 강요한다. 그런 의미에서 우리를 가두고 있는 정치·사회적 구조는 누군가의 철학이다. 사상을 타인에게 강요할 뿐만 아니라 그와 동일한 사고체계 안에서 생존할 것을 요구한다는 점에서도 현시점의 정치·사회적 구조를 만들어낸 인물들은 모두 철학자라고 불러야 한다.

우리를 둘러싼 체계, 사회, 구조란 무엇인가. 이것은 거미줄과 같다. 무척이나 비사교적이다. 타인에 대한 배려는 찾아보기 힘들다. 오직 거미줄을 쳐놓은 거미에게만 우호적이다. 거미줄을 쳐놓은 거미만이 거미줄 위에서 자유를 누린다. 두 마리의 거미는 서로 거미줄을 쳐놓고 상대가 자신에게 다가오기만을 기다린다. 절대로 한발 앞서 자신이 다가가려고 하지 않는다. 그들은 거미줄이 어떤 구조인지를 알고 있기 때문이다. 이 세계에서 전쟁이 사라질 수 없는 구차한 진리다.

한 편의 시가 목동의 지팡이를 푯대 삼아 풀밭을 뒹구는 어린 양이라면 체계, 사회, 구조를 뒷받침하는 철학사상은 살아남는 것이 목표인 전갈이다. 상대방의 목덜미에 독물이 끈적거리는 꼬리를 서슴치않고 꽂아 넣는다.

인류의 역사를 통틀어 철학자로 불린 자들의 이름은 모든 국가에 등장한 왕들의 이름보다 훨씬 적다. 아마도 100분의 1에도 미치지 못할 것이다.

우리가 살고 있는 이 세상은 왕들의 손으로 만들어졌다.

Arthur

Schopenbauer

그리고 왕들의 손은 왕관이 씌워진 머리에 의해 움직여졌다. 왕들의 머릿속에는 생각이 있었고, 그 생각은 대부분 해당 시대의 철학자 소유였다. 철학자로 불리는 것이 특권임을 보여주는 증거다.

청년 시절은 처지와 환경이 어떻든
대체로 불만족스럽다

젊음은 슬픔과 불행의 시기다. 배움과 현실의 차이에 좌절하는 첫 번째 실패의 날이기 때문이다. 인생에서 행복을 잡을 수 있어야 한다는 확고한 전제를 배워왔고, 행복해야 한다는 강압 하에 혈안이 되어있기 때문이다. 그로 인해 끊임없이 환멸이 생기고 거기서 불만이 생겨난다. 막연히 꿈꿨던 행복의 그림자가 변덕스럽게 선택된 모습으로 눈앞에 어른거리고, 젊음은 그것의 원상을 추구하지만, 뜻대로 되는 일이 없다. 그래서 청년 시절은 처지와 환경이 어떻든 대체로 불만족스럽다. 세상에서 많은 것을 얻을 수 있다는 망상을 청년기에 뿌리 뽑을 수 있다면 다행이다.

Schopenbauer

Arthur

위대한 작품은 항상 시대에 버림받았다

광기는 자기만의 확고한 의지가 독립된 사람에게는 별다른 영향을 미치지 못한다. 그러나 독립하지 못한 의지, 즉 다수의 평범한 사람들을 감염시킬 가능성이 많다.

광기처럼 극단의 표상을 추구하는 의지는 객관화되고 단련을 거친 독립된 의지보다 훨씬 빠르게 전파되는 특색이 있다. 그 이유는 아마도 세상에는 객관적이고 독립된 의지를 온전히 보존하고 있는 사람보다 극단의 표상에 잠식당한 사람들이 더 많다는 점도 있을 것이다. 그러므로 어리석은 다수의 행위가 현명한 개인의 행위보다 항상 정당하게 대접받은 이유도 이 같은 이유 때문일 것이다.

사람들이 많이 모이는 정치집회에 가보면 이 같은 공명 작용을 쉽게 발견할 수 있다. 사람들이 집회에 참석하는 이유는 뭘까. 자신의 의지가 부족하기 때문이다. 의지는 자석과 비슷해서 보다 큰 의지에 작은 의지가 이끌린다. 의지가 허약한 사람일수록 사람들이 많이 모인 곳, 다시 말해 대규모 의지가 축약되어 보잘것없는 표상이라도 만들어낸 곳을 그냥 지나치지 못한다.

만약 이때 두서너 명이 자극적이고 불균형적인 의지를 발산하게 된다면 어떻게 될까. 이것이 순식간에 전파되어 군중심리로 표출된다. 이를 공명 작용이라고 하며, 그 자리에 모인 대다수 참석자들은 자기 내면에 개별적이고 주체적인 의지가 상실된 상태이기에 거부감없이 외부에서 전해지는 의지의 파동을 수용하게 된다. 다섯 명의 외침이 열 명에게 전파되고, 열 명의 외침이 스무 명에게 전파되는 식으로 의지가 확산되는 것이다.

비교적 건전했던 사람들까지 자신의 의지를 포기하고 이처럼 강력한 대중심리를 받아들이게 만든다. 공명 작용은 의지의 기운이 난폭하거나, 불건전할 때 대중에게 더 빨리 전파되는 특색이 있다.

미술과 음악은 인간이 자연을 모방하는 데서 시작된 예술이다. 모든 사람에게는 각각의 의지가 있고, 의지는 활동이라는 표상을 통해 존재를 확인받는다. 미술과 음악이라는 예술작품도 예외는 아니어서 작가의 의지가 창작이라는 활동에 스며든 표상이다. 작가의 특정한 의지가 스며든 미술과 음악은 그 속에 포함된 의지의 작용으로 감상자와 청중의 내면에서 공명작용을 일으킨다.

앞에서 예를 든 집회에서의 공명작용이 순식간에 대중을 사로잡는 광기라고 한다면 미술과 음악을 통해 경험하는 공명작용은 보다 개인적이고, 보다 내적으로 깊게 사유된다는 특징이 있다.

그림을 그리고, 음악을 작곡한다는 것은 예술가가 자신의 의지를 밖으로 표출하는 작용이다. 그 같은 표출을 감상한 사람들에게 예술가의 의지가 침투하여 의식적, 혹은 무의식적으로 이 같은 의지에 자극받게 된다. 그리고 이런 자극은 감상자의 내부에서 공명작용을 일으키며 새로운 의지의 도출을 유인한다.

그러므로 퇴폐적인 감정이 유입된 작품을 감상하거나 듣게 될 경우 감상자의 의지 또한 퇴폐적으로 변질될 수 있고, 예술가가 긴장한 상태에서 표현한 작품을 보거나 듣게 되었을 때는 마찬가지로 감상자의 감정 상태가 긴박해지기도 한다. 활동적이고 진취적인 작품은 감상자의 의지를 활동적이고 진취적인 방향으로 이끌고, 경박한 그림과 음악은 감상자의 의지를 경박하게 만들 수 있다. 바꿔 말하면 예술가와 감상자 사이에서 발생하는 공명 작용이야말로 감동의 본질이라고 할 수 있다.

우리가 위대한 미술가와 작곡가의 작품을 통해 아름다움과 기쁨, 비장함, 순수 같은 표상을 체험하게 되는 것은 작품을 창조할 때 작가의 내부에서 일었던 의지가 우리에게 반영되었기 때문이다.

예술가가 정한 제목, 수법, 내용은 비단 그의 의지만 팽창시키는 것이 아니라 감상하는 사람의 내면에서도 의지의 팽창을 이루려고 한다. 반대로 의지가 위축된 상태에서 창조된 작품은 감상자의 내면을 위축시키는 원인이 된다.

우리는 몸에 좋은 약이 입에 쓰고, 달콤한 술이 몸을 해친다는 것을 우습게 여기듯이 이에 대한 경각심도 거의 없다. 그 때문인지 파괴적이고 퇴폐적인 의지가 표출된 작품들이 대중으로부터 더 많은 지지를 받곤 한다.

반면에 인간의 위대한 정신이 녹아든 작품에 대해서는 반감을 갖기 일쑤다. 이 또한 대중적인 공명 작용에서와 마찬가지로 세상 사람들이 선량한 의지가 추구하는 어려운 길보다는 사악한 의지가 추구하는 쉬운 길을 더 유익하게 받아들이기 때문으로 판단된다. 역사적으로 위대한 작품은 항상 그의 시대에 버림받아왔고, 외설적이고 사람의 이성을 흐트러뜨리는 작품들은 열광적인 지지와 존경을 누려왔던 것만 봐도 알 수 있다.

　의지는 이처럼 음악과 그림, 문학 같은 정신적인 표출에 의해서도 얼마든지 팽창과 위축을 반복할 수 있다. 예술작품을 통해 자신의 삶을 보다 생산적인 방향으로 이끌기 위해서는 작품이 구현하려는 의지의 본질을 살펴볼 필요가 있다. 예술가의 역량이 느껴지는 성숙된 작품, 비속하고 비열하지 않은 진취적인 작품을 접하려는 노력이 필요하다는 뜻이다.

남들이 나를 거부할 때,
내 안에는 거대한 기운이 용솟음친다

루트비히 판 베토벤(Ludwig van Beethoven, 1770~1827)은 진정한 리얼리스트였다. 그의 음악은 진리였다. 나는 그렇게 말하고 싶다. 베토벤에게 인생은 음악이었으며, 자신의 인생에 위대한 정신적 가치와 의미가 부여되도록 평생을 바쳤다. 그에게 삶은 종교였다.

그래서 베토벤은 그의 동료들이 고통받는 자를 향해 달콤한 말로 위로하려고 들 때 "이것이 인생이다. 살아 있다는 것은 고통이다. 그래도 죽는 것보다는 덜 고통스럽다"라는 진실을 들려줄 수 있었다. 베토벤에게 고통이란 위로받을 수 있는 것이 아니었다. 그는 아름다운 꿈을 이야기하지 않았다. 세계를, 영웅을 있는 그대로 드러냈다.

그와 달리 나는 어린 시절부터 겁이 많았다. 전쟁이 무서

웠다. 전쟁이 끝난 후에도 나는 변하지 않았다. 여전히 나는 겁쟁이였다. 인생을 두려워했다. 모든 비극은 "만일 그때 그런 일을 겪지 않았다면 아무 일도 일어나지 않았을 텐데"라는 말로 시작되는데, 그 비극의 주인공은 언제나 내 몫이었다.

한 번의 만남이 우리의 인생을 결정지을 수도 있다. 어린 시절 동화책에서 마녀가 사람을 야수로 바꿔버린 내용을 접한 적이 있다. 나는 그 책을 읽고 크나큰 감동에 휩싸였다. 인간이 야수가 되었다는 그 놀라운 마법에 감탄한 것이 아니다. 인간을 야수로 만든 마녀의 의지에 감명했기 때문이다. 어떤 자에게는 교육, 또는 교양의 습득이 무의미하게 느껴진다. 그에게 필요한 것은 습득이 아니라 발견이기 때문이다.

외부의 교양을 받아들이기보다는 자기 내부에서 들끓고 있는 재능을 드러내는 것이 더욱 중요하다. 예컨대 아버지로부터 엄청난 유산을 상속받았기에 노동에 종사할만한 이유를 찾지 못하는 상황과 비슷하다. 나 또한 이런 부류에 포함된다.

두려움 때문이 아니라 정의감에서, 또는 타인에 대한 배려 때문에 올바른 행동을 취하는 자는 행복하다. 나의 올바름은 대체로 두려움에 기인하고 있다. 한마디 덧붙이자면 내 안의 욕망을 단죄하고 싶지 않다. 특히 종교적인 차원에서 나의 욕망을 단죄하고 싶지는 않다. 나의 욕망은 조금도 혐오스럽지 않다. 더럽고 낮은 곳에서 나는 몸부림친다. 높은 곳에서 낮은 곳으로 도망친다. 내게 그것이 겸손이다.

정신적으로 차원이 높은 영역을 탐구하다 보면 나도 모르게 착각할 때가 있다. 이 세계에서 나는 인간에 불과하지만, 저 높은 영역에서는 모든 것이 가능한 존재가 되어 있을지도 모른다. 그곳에서는 나의 모든 행위가 완전하고 정당하다. 즉 정신적인 차원에서만 온전해질 수 있다는 뜻이다. 인간들이 살아가는 일반적인 세계는 너무나 이질적이고 당혹스럽기만 하다.

나에게는 평범해질 권리가 없다. 평범한 의무들에 복종하지 않았기 때문이다. 그들과 살고 있지만, 그들과 같은 권리는 없다. 그들의 세계에서 나는 열등감을 느낀다.

나는 좀 더 산소가 희박한 대기에서 숨을 쉬어야 한다. 그들이 살아갈 수 없는 척박한 환경이 주어져야 한다. 그곳에서 홀로 고뇌하고 만족을 찾아야 한다. 그들과 같은 공기를 호흡하는 것이 나에게는 징벌이다. 그들과 함께 생존하려는 유혹에 굴복해서는 안 된다. 나는 그들처럼 될 수 없다.

철학과 마찬가지로 인생에서도 표면상의 향수가 우리를 현혹시킨다. 타인이 하는 것, 혹은 타인이 허용받고 있는 것을 우리에게 인도한다. 유혹에 대항하는 수단은 오직 하나다. 나는 그들과 다르다고 속삭이는 작은 목소리를 놓치지 않도록 내면의 귀를 활짝 열어놓는 것이다.

한 편의 비극을 관람하고 감동받았을 때 나를 방금 본 무대에 적용시켜 본다. 나라면 저렇게 행동하지 않았다, 나라면 다르다, 나라면 이렇게 했을 것이라고 혼자 상상하는 버릇이 생겼다. 이런 버릇이 생긴 이유는 내가 연극적 사건을 비극으로 이해하지 못하기 때문이다.

다시 말해 비극을 비극으로써 받아들이지 못하는 것이다. 영웅의 몰락과 죽음이 비극이라는 그들의 인식을 받아들일 수가 없다.

내가 원하는 것은 마녀의 의지가 관철된 몽환적인 메르헨(동화)이다. 슬픈 연극을 자주 관람하는 것도 그 때문이다. 이 어린애 같은 단순함에 나는 감동한다. 그리고 이 세상의 부조리에 절망한다. 그 절망을 나는 영감이라고 부른다.

타인이 베푼 호의에 무감각하지만, 누군가의 도움 없이는 하루도 살 수 없다. 그런 주제에 그들의 베풂에는 감사를 표현하지 않는다.

내 안에서 자립심이 느껴질 때가 있다. 남들로부터 거절당했다고 생각될 때다. 남들이 나를 거부한다고 생각될 때면 내 안에서 거대한 기운이 용솟음친다. 이 감각에 대한 표현은 결코 거짓이 아니다.

가끔씩 나의 능력에 좌절감이 느껴지곤 한다. 칸트나 그와 유사한 사람들에게 못 미친다는 자괴감으로 고민하게 된다. 그 고민으로 인해 상처가 점점 더 깊어지는 것 같다. 문제는 허영심이다. 이 교만이 나를 병들게 하고 있다. 죽은 자는 죄를 범하지 않는다. 나로서는 놀라운 사실이다. 살아있는 자는 죄를 범할 수 있다. 따라서 범죄를 단념할 수도 있다.

Arthur

Schopenbauer

'부'를 목적으로 지식을 습득하지 마라

지식인의 모습은 크게 둘로 나뉜다. 세계라는 표상의 본질을 밝혀내기 위해 지성의 불빛을 밝히려는 자와 이득을 얻기 위해 세계를 관찰하는 자다.

첫 번째 부류는 고유한 사상과 경험을 가진 자로서 이를 타인에게 전달하는 데 가치를 둔다. 두 번째 부류는 돈이 목적이다. 돈을 벌기 위해 글을 쓰고, 학식을 팔고, 양심을 토해낸다. 따라서 그들은 뭔가를 팔기 위해 생각을 쥐어짠다.

후자와 같은 지식인에게서 발견되는 특징은 다음과 같다. 그들은 어떻게든 사상의 실타래를 붙들고 늘어지려는 경향을 보인다. 진위가 불분명하든, 왜곡되었든 상관없다. 오류는 그들이 가고자 하는 길을 방해하지 못한다. 그들이 형태가 불분명한 사상, 잘못된 문법의 문장, 논리가 희박한 근거를 애용하는 까닭은 자신의 허구성을 숨기기 위해서다. 따라서 그들의 문장에는 명확함과 명료함이 없다.

우리는 이 같은 특징을 통해 그들이 단지 원고지의 빈 여백을 메우기 위해, 몇 마디 말로 한 달간 먹을 양식을 얻기 위해 펜을 들고, 강단에 오른다는 사실을 깨닫게 된다. 우리가 평소 즐겨 읽는 유명 작가 중에도 이런 자들이 적지 않다.

레싱의 연극론, 장 파울의 쓸데없는 소설 몇 편은 빈 여백을 돈과 바꾸기 위해 어쩔 수 없이 펜을 들고, 작가 자신도 이해하지 못할 사상의 끈을 붙잡고 수고한 결과다. 책을 읽다가 이처럼 거짓된 모순을 발견했다면 작가의 이름이 누구든지 간에 당장 쓰레기통에 버려야 한다.

지식인이 자기가 알고 있는 몇 가지 특정 단어와 인식을 팔아치우기 위해 마련한 자리에 구경꾼으로 참여한다는 것은 지식인에게 기만당한 것과 다름없다.

대다수 지식인은 대중에게 뭔가 전달해야 할 사명이라도 있는 것처럼 명분을 내세우는데, 명분이야말로 지식인이 즐겨 사용하는 변명거리이며, 우리가 그들이 쓴 책을 읽고, 그들이 가르치는 대학에 다니고, 그들의 의견을 좇아 마치 내가 그가 된 것처럼 누군가에게 열변을 토하는 행위야말로 그들에게 철저히 농락당한 결과인 것이다.

인세와 저작권 침해 금지라는 두 가지 법률이 현대사회에서 문학을 문학 이하의 위치로 끌어내린 원인임을 잊어서는 안 된다. 우리는 세계의 진리를 밝혀내겠다는 사명감으로 펜을 들고, 강단에 오르는 지식인에게만 지성을 기록하고 발표할 기회를 제공해야 한다. 단 한 권의 책에 진실이 담겨있더라도 그 한 권의 책이 우리에게 미치는 영향력은 실로 놀랍기만 하다.

하지만 지성의 표출이 금전이라는 수단을 위해 도용된다면 그것이 비록 단 한 권의 책일지언정 사회에 악영향을 미친다. 언젠가는 반드시 범죄에 악용될 것이고, 누군가에게 절망을 안겨주게 될 것이다.

부를 목적으로 지식을 습득하는 순간, 그에게는 지성의 파멸뿐이다. 위대한 작품을 남긴 작가들, 철인들, 시인과 음악가, 정치가는 무명 시절에도 대중과 영합하려 하지 않았다. 내면의 절박함과 자기희생을 묵묵히 감수해냈다.

지금은 지식을 팔면 돈이 생기는 구조로 바뀌었다. 돈이 필요한 자는 누구든지 책상에 앉아 공부를 해야 하는 시대다. 그리고 민중은 어리석게도 그런 자들을 우상으로 섬기려 한다. 그들로 인해 인간의 위상은 또 한 단계 퇴보하게 될 것이다.

인간은 그 자체로 하나의 우주이며,
독립된 세계이며, 유일한 표상이다

인간이 물질에 불과하다는 유물론을 뒷받침하는 한 가지 사례를 꼽는다면 반사(半死) 상태일 것이다. 반사상태는 죽음과 별반 차이가 없다. 이성은 사라지고 육체만 남은 상태다.

그럼에도 인간은 '생존'이라는 형태적 작용을 계속한다. 머리카락이 자라고, 손톱이 자라며, 음식물도 섭취해야 하고, 주기적으로 배설도 한다. 보통의 삶과 육체적으로 크게 다르지 않다. 그러나 이들의 상태는 분명 '죽음'이다.

물리적으로 완벽한 인간의 형태를 유지하고 있음에도 죽었다고 여긴다. 여기서 한 가지 의문이 남는다. '죽음'의 진정한 의미가 무엇이냐는 것이다. 죽은 자의 몸에서 손톱과 머리카락이 자라고, 반사 상태에 빠진 환자의 신체가 멀쩡한 육신과 다를 바 없음에도 불구하고 죽은 자로 여기는 판단 근거

Schopenbauer

Arthur

가 무엇이냐는 점이다. 이를 밝히기 위해서는 유물론이 간과하고 있는 한 가지 진실, 즉 '의지'의 존재를 파악해야 한다.

해부학적으로 인간은 물질이다. 그래서 반사 상태에서도 체내에 남아있는 물리적 활동의 결과로 일정 기간 손톱과 머리카락이 자란다. 오장육부에 혈액만 제대로 공급되어도 죽지 않는 상태를 유지할 수 있다. 만약 이 같은 물리적인 삶이 전부라면 인간의 존재가치는 너무나 허망하다.

현재 우리가 존경하는 위인들은 짧게는 수십 년에서 길게는 수백 년 전에 죽은 자들이다. 이들의 물리적인 활동은 당시의 죽음으로 이미 끝났다.

하지만 우리가 여전히 그들의 삶을 공부하고, 그들이 남긴 자취들을 보존한다는 점에서 그들은 아직 살아있다고 해야 할 것이다. 아직도 그들의 말에서 교훈을 찾고, 그들의 실천에서 덕(德)을 깨우치는 이상, 우리와 함께 살아있다고 여겨도 무방하다는 뜻이다.

물리적으로는 이미 수 세기 전에 사라진 인물들이 오늘날 우리와 함께 살고 있다는 것은 무엇을 말하는가. 사람의 인생이 물질 외에 다른 무엇인가를 지니고 있다는 가정이 가능해진다. 그리고 물질이 아닌 그것은 시간과 공간을 초월하는 영속적인 존재라는 가정이 가능해진다.

불교는 극락에 대해 설파하고, 기독교는 천국이 있다고 주장하는데, 극락과 천국의 공통점은 물리적인 신체가 들어 갈 수 없다는 것이다. 생전에 잘 가꿔놓은 '선량한 영혼'만이 귀속을 허락받는다는 점이다. 이 영혼이라는 단어야말로 의 지를 표현한 여러 단어 중 광범위하면서도 매우 적절한 표현 이라고 생각한다.

인간에게는 물질적인 신체뿐 아니라 의지에 해당하는 영 혼이 존재한다. 신체로 대변되는 물리적인 삶뿐 아니라 의지 로 촉발되는 영적인 삶도 있다는 것이다.

신체가 그릇이라면 내용물은 의지다. 따라서 자신의 의 지를 깨닫지 못한 채 살아왔다는 것은 그릇의 가치로 살아 왔다는 것과 동일한 의미다. 내용물이 버려진 인생이 낙담과 절망에 시달리는 것은 어찌보면 당연한 결과이며, 그릇만 남 은 인생에 풍요가 찾아오기를 기대한다는 것은 허황된 욕망 에 지나지 않는다.

그러나 안타깝게도 대다수 사람은 한 개의 그릇으로 생을 마감하고 있다. 운이 나빴다, 타고난 복이 없었다는 등 갖가 지 변명이 난무하고 있으나, 결국은 쓸데없는 망상일 뿐이다.

사람이 그 일생에서 뜻을 이루지 못하는 까닭은 첫째로 그릇에 내용을 담지 않았기 때문이며, 둘째로 내용을 준비하

되 그릇을 소홀히 했기 때문이며, 셋째로 그릇에 맞는 내용을 준비하지 못했기 때문이며, 넷째로 내용에 맞는 그릇을 준비하지 못했기 때문이다.

　의지와 신체는 서로 다른 둘이 아니다. 의지가 있기에 신체라는 표상의 출현이 가능했고, 신체라는 표상을 벗어나서는 의지의 확인은 불가능하다. 우주 만물의 탄생이 이같은 질서에서 벗어나지 않고 있다. 만일 조물주가 존재한다면 그 또한 우리와 같은 질서로 탄생했을 것이라고 믿는다. 한 가지 차이점이 있다면 그의 의지는 우리의 의지보다 확고하고, 자율적이며, 모든 의지의 의지가 될 만큼 순수했다는 것뿐이다.

　기독교에서 말하는 하느님도 거대한 의지이며, 여타 종교에서 말하는 천지를 주관하는 절대자들도 동일한 의미에서 의지다. 이런 의지가 담긴 그릇이 우주 만물이다.

　우주의 섭리와 인간의 삶이 서로 다른 듯 보여도 결론을 말하자면 우주의 섭리가 세계에서 표출되고, 인간의 삶에서 우주를 구성하는 입자들이 새롭게 형성되어 하나의 표상을 이루고 있다. 그 때문에 인간은 그 자체로 하나의 우주이며, 독립된 세계이며, 유일한 표상이 된다. 인간이 스스로를 영장(靈長)으로 정의한 주체가 다름 아닌 인간의 '의지'였던 것이다.

이 같은 초보적인 이론조차 깨닫지 못한 상태에서 명성을 바라고, 경제적 풍요를 기다린다는 것은 가뜩이나 추악한 우리의 삶을 더욱 불행하게 만드는 질병이 된다. 지금이라도 진리를 깨달아 자신의 삶을 새롭게 변화시킨다면 내일의 죽음을 선고받은 가혹한 운명일지라도 과거의 참혹했던 결과로부터 해방되는 기쁨을 누리게 될 것이다.

나는 타인에게
필요한 물건이 되길 거부하겠다

크고 작은 실수를 저지를 때마다 내가 얼마나 처참한 존재인지 깨닫게 된다. 그래서 어떤 행동을 저지르기에 앞서 항상 저항이 가장 적은 진로를 택해 왔다. 사람들 또한 나의 판단과 크게 다르지는 않을 것이다.

도덕률에 별다른 흥미를 느끼지 못했다. 자연법칙에 흥미를 느꼈던 것과 비교하면 조금 이해가 안 되는 상황이다. 하지만 나의 이웃이 도덕률에 반하는 행동을 저질렀을 때는 흥미를 느낀다. 그가 어떤 이유로 일반적인 도덕률에 위배되는 행동을 저지르게 되었는지 궁금해서 견딜 수가 없다. 그리고 대부분의 경우 나는 그의 침범을 옹호하고 싶어진다.

윤리적인 명제의 특성은 다음과 같다. "그대, 이렇게 하라" 또는 "이것이 옳다"라는 반강제적인 내용이다. "다수의

247

인간이 이를 좋다고 말한다"와 같은 내용은 아직까지 접해 보지 못했다. 윤리적 명제란 하나의 개인적인 행위다. 개인적 행위는 사실이 될 수 없다. 감탄의 외침 같은 것이기 때문이다.

'윤리적 명제'의 근거란 개인마다 다른데, 그에게서는 윤리였지만 타인에게는 범죄가 되는 일도 있다. 명제는 주관적인 해설을 덧붙이고 있다. 혐오도 때로는 감탄이 되며, 감탄이 때로는 죄악이 되기도 한다. 모든 윤리적 명제를 만족시키는 근거는 어디에도 없다.

나의 자기 인식 방법은 다음과 같다. 몇 개의 베일이 나를 가리고 있다. 나는 그 베일 속에 숨어 있는 나 자신을 인식한다. 그 베일을 벗기고자 좀 더 다가가면 나를 덮고 있는 베일의 수가 점점 늘어난다. 베일 뒤에서 비춰지는 나의 표상도 점차 희미해진다. 그래서 결국 나 자신에게 다가가는 것을 포기하고 만다.

나는 상품이 아니다. 진열대에 놓인 물건이 아니다. 고객들의 구경거리가 아니다. 상품은 색깔과 광택으로 고객의 눈을 사로잡고 그들의 손아귀에 들어가는 것이 목표지만, 나는 그들의 손아귀를 거부한다. 그들에게 필요한 물건이 되고 싶지 않다. 하지만 사람들은 자기들 마음대로 나를 진열대에

Schopenbauer

Arthur

전시하고 싶어 한다.

내가 저지른 행위에 대한 책임은 내게 있으며, 이를 판단하는 도덕적 관점도 나의 것이다. 타인이 자신의 도덕적 개념을 들먹이며 나의 행동을 판단하는 것은 권리에 대한 남용이다. 그런 행위야말로 비도덕의 핵심이다.

나는 태어날 때부터 도덕이라는 개념을 경멸했다. 내게는 애초부터 그 같은 관념이 허락되지 않았기에 다른 사람들에게도 도덕이 결여되어 있다고 말해왔다. 하지만 이젠 명심해야 한다. 오직 주어지지 않은 것이다. 나만 그 선물을 받지 못했다. 그런데도 나는 인간으로서 자신의 역량을 시험했고, 그 한계를 돌파하는데 성공했다. 그것으로 충분하다.

나의 고통스런 환경은 스스로 자초한 결과다. 현재의 환경은 무엇으로도 변화시킬 수 없으며, 내가 아닌 다른 사람이 전면에 나설지라도 달라지지 않을 것 같다.

나에 대한 모략들이 적지 않다는 것을 잘 안다. 당연히 불쾌하다. 하지만 내게는 용기가 없다. 그리고 저 사람들에게는 용기가 있다. 나의 패배는 거의 확정적이다. 하지만 이런 종류의 용기라면 내 쪽에서 거절하겠다.

상대방을 파멸로 이끄는 용기 따위는 필요 없다. 차라리 이웃을 찾아가 '당신을 사랑한다'라고 말하겠다. 사랑을 이기심이라고 생각했던 적이 있었다. 이웃을 사랑한다는 표현도 자신의 성스러움을 자랑하기 위한 에고이즘이라고 여겼다.

다행인 것은 나에게는 이 같은 사랑의 감정이 전무하다는 점이다. 따라서 에고이즘도 없다. 타인에 의한 구원은 없다고 믿는다. 타인을 위한 구원도 없다고 믿는다. 나의 영혼을 걱정하는 사람이 있다면 먼저 자신의 영혼부터 돌아보라고 말해주고 싶다. 타인의 구원에 관여하는 것은 말참견에 지나지 않으며, 타인에게서 사랑받고 싶지 않기 때문에 타인을 사랑하고 싶지도 않다.

복수의 존재가 동일한 세계에서 구성원으로 해야 할 역할을 감당하고 있는 것을 볼 때마다 경이롭다는 감탄에 빠진다. 어쩔 수 없이 그들과 동석하고 서로 얼굴을 마주 본다. 하지만 사랑하고 싶은 마음은 없다. 내가 그들에게 베풀 수 있는 최선은 더욱 높은 경지를 보여주는 것뿐이다. 그들이 경의를 표할 수 있는 대상을 구체화하는 것뿐이다. 그것은 피에 굶주린 모기떼와의 싸움과 비슷하다. 모기 몇 마리를 쫓아내는 것으로 현실이 변하지는 않는다.

철학적 문제를 해결할 때마다 내가 전 인류를 위해 더없이 중요한 사명을 완수한 것 같은 착각에 빠지곤 했지만, 정작 인류는 나의 고뇌에 아무런 가치도 부여해주지 않았다.

나 홀로 책상 앞에 앉아 밤을 새우며 논제들과 씨름을 거듭한 것이다. 모기장 속에 편안히 앉아 휴식을 취하는 사람들 앞에서 모기장 밖에 버려진 내가 미친 듯이 모기떼와 싸웠다.

분노를 다스리기란 몹시 어렵다. "당신은 화를 내고 있다. 그 때문에 당신은 틀렸다."라고 세상 사람들은 말한다. 이에 대한 증거가 몇 가지 있다. 화를 내는 것은 어떤 경우에도 이성적이지 못하다. 분노란 이성적인 인간이 극복해야 할 대상이다. 분노는 자신의 상처가 파헤쳐졌다고 생각될 때 극에 달한다.

나의 논리가 상대방에 의해 완벽하게 제압되었다는 기분에 화가 치민다. 바울이 십자가에 못 박힌 그리스도를 전파하고 다닐 때 바리새인들은 분노를 참지 못했다. 그래서 바울은 오늘날 승리자가 되었고, 바리새인은 패자의 위치에 서게 된 것이다.

환상 속에 갇힌 어린아이로 살겠다

인생은 기만의 연속이다. 삶이 삶을 속이고, 삶은 삶으로부터 속는다. 기만으로 가득 찬 삶, 그것이 삶의 진정한 의미임을 깨닫는다면 얻게 해주리라, 삶이 나에게 약속했던 소망들이 이루어지지 않는다고 해서 좌절하거나 분노할 가치가 없음도 알게 될 것이다.

나는 아무 데도 도달하지 못할 것이다. 시간은 마냥 지속될 것이다. 지긋지긋한 과정들이 끝없이 반복될 것이다. 어딘가에 도착하면 그다음 단계의 문이 열리고, 길의 끝에서 멈춰서면 다른 길이 시작됨을 목격하고 치를 떨게 될 것이다. 그 끝없는 과정에서 불필요한 내가 마구 생성될 것이다. 나는 만들어진 나를 지켜볼 테지만, 그것이 누구를 위해 탄생했는지를 말하지 못할 것이다. 나는 나를 해석하지 못하고, 내가 하는 말을 번역하듯 사전을 펼쳐야만 알아듣게 될 것이다.

나는 마치 환상 속에 갇힌 어린아이처럼 진리를 찾아다닐 것이다. 어떠한 희생을 치르고서라도 기만당하지 않겠다고 결심해보겠지만, 인생이란 원래 그런 것이라 기만당하지 않겠다는 결심 또한 이미 기만당하고 있음을 드러내는 삶의 불가결한 조건이 되었을 수도 있다.

기만이 삶의 진리라고 한다면, 기만당하고 싶지 않다는 이 의지야말로 비도덕이다. 진리를 받아들이려는 의지보다 진리를 받아들이지 못하겠다는 의지가 더 큰 원동력으로 나의 삶을 움직이고 있다. 진리를 수용하고 받아들일 때보다, 거부하고 어긋날 때 나의 삶은 더 크게 성장하고, 더욱 나다워지고 있다. 삶으로서는 기만을 거부할 권한이 없지만, 기만이라는 삶의 조건을 거부하는 건 나만의 자유다.

나는 삶을 적대하려는 것이 아니다. 삶을 관통하는, 아니 지배하는 이 거대한 진리에서 벗어나려 몸부림칠 뿐이다. 그래서 퇴화하게 되고, 숨겨지고, 죽음으로 나아갈지언정, 그런 위협들은 나에겐 같잖은 표현에 불과할 뿐이다. 세상이 진짜고 이런 내가 가짜라고 한다면, 나는 환상 속에 갇힌 어린아이로 살겠다. 진리가 거짓임을 알았고, 오류가 진실임을 깨달았다. 나는 진리를 뛰어넘는 환상이다. 환상 위에 존재하는 환상이다. 그것이 나의 힘이며, 나의 능력이며, 그 외엔 내가 아는 바가 아무것도 없다.

오직 질문을 통해서만 성장한다

고달프고 덧없는 인생이 쳇바퀴처럼 돌아간다.
날마다 우리는 질문한다.

왜 사는가?
무엇을 위해 사는가?
가치 있는 삶이란 무엇인가?
앞으로 어떻게 살아야 하는가….

인간은 질문을 통해 살아가는 이유와 목적, 그 속에서 얻어지는 의미와 가치를 추구한다.
철학이란 인간이 살아가는 이유와 그 이유를 실현하기 위해 무엇을 해야 하는가에 대한 질문이다.

궁극적인 목표를 위해 어떻게 행동할 것인지를, 그 전에 궁극적인 목표가 과연 무엇인지를 자신에게 묻고 답을 내리는 모든 행위가 철학이다.

당신의 인생이 왜
힘들지 않아야 한다고
생각하십니까

초판 1쇄 발행 2023년 6월 21일
초판 29쇄 발행 2024년 12월 9일

지은이 아르투어 쇼펜하우어
편역자 김욱
펴낸이 김선준

편집이사 서선행(sun@forestbooks.co.kr)
편집1팀 임나리, 이주영
디자인 정란
마케팅팀 권두리 이진규 신동빈
홍보팀 조아란 장태수 이은정 권희 유준상 박미정 이건희 박지훈
경영지원 송현주 권송이 정수연

펴낸곳 ㈜콘텐츠그룹 포레스트
출판 등록 2021년 4월 16일 제2021-000079호
주소 서울 영등포구 여의대로 108 파크원타워1, 28층
전화 02) 332-5855 **팩스** 02) 332-5856
홈페이지 www.forestbooks.co.kr
종이 ㈜월드페이퍼 **출력·인쇄·후가공** 더블비 **제본** 책공감

ISBN 979-11-92625-55-3 (03100)

㈜콘텐츠그룹 포레스트는 독자 여러분의 책에 관한 아이디어와 원고 투고를 기다리고 있습니다.
책 출간을 원하시는 분은 이메일 writer@forestbooks.co.kr로 간단한 개요와 취지, 연락처 등을
보내주세요. '독자의 꿈이 이뤄지는 숲, 포레스트'에서 작가의 꿈을 이루세요.

항구를 출발한 배는
필연적으로 파도를 거슬러야 한다.

인생도 마찬가지다.
흔들리지 않는 것은 인생이 아니다.

아르투어 쇼펜하우어
Arthur Schopenhauer

Arthur Schopenhauer